Gegen die Natur

Fröhliche Wissenschaft 141

DE NATURA V

Herausgegeben von Frank Fehrenbach

Lorraine Daston

Gegen die Natur

Aus dem Englischen
von Dora Fischer-Barnicol

Die Konjunktur der Natur in gegenwärtigen Debatten ist erstaunlich. Als Oppositionsbegriff zur menschlichen Kultur hat Natur schon aus zwei Gründen ausgedient. Einmal wegen des Scheiterns traditioneller dualistischer Ansätze als Konsequenz der modernen Naturwissenschaften, die den Menschen ohne Rest als Teil der Natur definieren. Zum anderen wegen der ungeheuren zivilisatorischen Dynamik, die auf, weit über und zunehmend auch unter der Erdoberfläche keine vom Menschen unberührten Residuen des Natürlichen erlaubt. Inwiefern lässt sich also auch heute noch »über Natur« sprechen? Die Bände der Reihe DE NATURA versammeln Antworten aus ganz unterschiedlichen Disziplinen. Sie gehen auf Vorträge zurück, die von der Forschungsstelle Naturbilder im Hamburger Warburg-Haus veranstaltet wurden.

– Frank Fehrenbach

DE NATURA bei Matthes & Seitz Berlin

Hartmut Böhme, *Aussichten der Natur. Naturästhetik in Wechselwirkung von Natur und Kultur*

Christiane Nüsslein-Volhard, *Schönheit der Tiere. Evolution biologischer Ästhetik*

Wolfgang Riedel, *Unort der Sehnsucht. Vom Schreiben der Natur. Ein Bericht*

Wolfgang Welsch, *Wahrnehmung und Welt. Warum unsere Wahrnehmungen weltrichtig sein können*

Inhalt

I. Das Problem: Wie wird ›ist‹ zu ›sollen‹?

In seiner *Anthropologie in pragmatischer Hinsicht* (1798) bemerkte Kant: »Es ist merkwürdig, dass wir uns für ein vernünftiges Wesen keine andere schickliche Gestalt als die eines Menschen denken können. Jede andere würde allenfalls wohl ein Symbol von einer gewissen Eigenschaft des Menschen – z. B. die Schlange als Symbol der boshaften Schlauigkeit –, aber nicht das vernünftige Wesen selbst vorstellig machen. So bevölkern wir alle anderen Weltkörper in unserer Einbildung mit lauter Menschengestalten, obzwar es wahrscheinlich ist, dass sie nach Verschiedenheit des Bodens, der sie trägt und ernährt, und der Elemente, daraus sie bestehen, sehr verschieden gestaltet sein mögen.«[1] Die vielen Darstellungen, auf denen die Schlange, die Adam und Eva verführte, einen menschlichen Kopf hat, bekräftigen implizit Kants Argument: Eine Schlange, die so betörend sprechen und argumentieren konnte, war ebenso Person wie Reptil. Wiewohl Kant fest von der Existenz[2] und der physischen Vielfalt nicht menschlicher vernünftiger Wesen überzeugt war, ging er davon

aus, dass diese Vielfalt sich nicht auf ihren Charakter als *vernünftige* Wesen auswirken würde: ob es sich um vernünftige Marsbewohner oder vernünftige Engel handelte, Vernunft, blieb Vernunft, und zwar überall im Universum. Ich möchte eine Alternative zu dieser philosophischen Anthropologie Kants anbieten: Es kommt der Vernunft – nicht nur dem sinnlichen

Empfinden und der Psychologie – durchaus darauf an, welche Art Spezies wir sind. Die philosophische Anthropologie, die ich vorschlage, ist eine Untersuchung der *menschlichen* Vernunft und nicht der universellen Vernunft schlechthin.

Das Spezifische dieses Projekts ergibt nur dann einen Sinn, wenn es in einem spezifischen Problem verankert ist, das (anders als die Kulturanthropologie oder Kulturgeschichte einer bestimmten Zeit und eines bestimmten Ortes) kulturell und historisch so allgemein ist, dass es ein plausibler Kandidat für eine philosophische Anthropologie ist. Die Frage, die ich stellen möchte, lautet: Weshalb betrachten die Menschen vieler verschiedener Kulturen und Epochen überall so hartnäckig die Natur als Quelle der Normen menschlichen Verhaltens? Weshalb muss die Natur als gigantische Echokammer für die von Menschen gemachten moralischen Ordnungen herhalten? Es erscheint überflüssig, eine Ordnung zu verdoppeln, und äußerst fragwürdig, die Legitimität der menschlichen Ordnung von deren vermeintlichem Original in der Natur herzuleiten. Und doch haben Menschen im alten Indien und im alten Griechenland, im mittelalterlichen Frankreich und im Amerika der Aufklärung, in den jüngsten Kontroversen über die Homosexuellenehe oder genetisch veränderte Organismen die natürlichen und moralischen

Ordnungen – und deren Störung – miteinander verknüpft. Für die Weisen der Stoa war der majestätische Lauf der Sterne das Vorbild des guten Lebens; im revolutionären Frankreich und in den neu gegründeten Vereinigten Staaten garantierten die Naturgesetze die Menschenrechte; und unlängst sorgten Lawinen in den Schweizer Alpen für Schlagzeilen wie »Die Rache der Natur«. Man berief sich auf die Natur als Befreierin, denn sie garantierte die Gleichheit der Menschen, und man berief sich auf sie als Sklavenhalterin, denn sie war Grundlage des Rassismus. Reaktionäre und Revolutionäre, fromme und säkularisierte Menschen beanspruchten die Autorität der Natur gleichermaßen. Überall auf der Welt gab es Traditionen, die in der Natur das Vorbild aller Werte – des Guten, des Wahren und des Schönen – sahen.[3]

Jahrhundertelang haben Philosophen behauptet, dass es in der Natur keine Werte gebe, dass Natur einfachhin *ist*. Es bedürfe eines Akts der Einmischung oder der Projektion von Seiten des Menschen, um jenes ›Ist‹ in ein ›Sollen‹ zu verwandeln. So gesehen sei es unzulässig, von dem zufälligen Ist-Zustand der Dinge auf den Soll-Zustand der Dinge, von den Fakten der natürlichen Ordnung auf die Werte der moralischen Ordnung zu schließen. Der Versuch, solche Rückschlüsse zu ziehen, sei eine Art »naturalistischer Fehlschluss«[4], so etwas wie eine heimliche Schmuggelaktion, bei der kulturelle Werte auf die Natur übertragen würden, um sich dann zur Untermauerung eben dieser Werte auf die Autorität der Natur berufen zu können. Friedrich Engels beschrieb diese Strategie in seiner Kritik des Sozialdarwinismus, der seiner Ansicht nach lediglich etwas in den sozialen Bereich der malthusischen Doktrinen zurückimportierte, das zuvor in den Bereich der Natur exportiert worden war.[5] Das von Engels verwendete Beispiel zeigt, dass ein solcher Werteschmuggel politisch oft folgenreich ist. So etwa, wenn im Mittelalter die Herrscher einen Großteil der Bevölkerung dem Adel und dem Klerus mit der Begründung unterstellten, dies sei so natürlich wie der Dienst der Hände und Füße an Kopf und Herz des Staatskörpers; oder wenn zu Beginn des 20. Jahrhunderts die Gegner der höheren Bildung für Frauen argumentierten, die natürliche Berufung aller Frauen bestehe darin, Ehefrau und Mutter zu sein. Damit wurden Unterordnung und Häuslichkeit ›naturalisiert‹: Im Fall kontingenter (und umstrittener) gesellschaftlicher Regelungen diente die Notwendigkeit und/oder Erwünschtheit vermeintlich natürlicher Regelungen dann als stützender Unterbau.

Angesichts solcher Beispiele haben einige

Kritiker des angeblichen Widerhalls natürlicher Ordnungen in der Moral, wie im 19. Jahrhundert der britische Philosoph John Stuart Mill, den naturalistischen Fehlschluss nicht nur als logisch falsch verurteilt, sondern auch als moralisch verwerflich: »Entweder ist es recht, dass wir töten, weil die Natur tötet, martern, weil die Natur martert, verwüsten, weil die Natur es tut, oder wir haben bei unseren Handlungen überhaupt nicht danach zu fragen, was die Natur tut, sondern nur danach, was zu tun recht ist.«[6]

Weshalb hält sich die moralische Echowirkung der Natur dann aber so hartnäckig? Kritische Denker haben bei ihren Versuchen, ›ist‹ und ›sollen‹ auseinanderzuhalten, einen Ozean an Tinte vergossen. Ungeachtet all ihrer Bemühungen bleibt die Versuchung, der Natur Normen abzugewinnen, anscheinend unwiderstehlich. Schon das Wort ›Norm‹ verkörpert eine Mischung aus Deskription und Präskription: Es meint sowohl das, was gewöhnlich geschieht, wie auch das, was geschehen sollte. »Normalerweise kommt der Zug pünktlich an.« Ich mache mir keine Illusionen, dass ein weiterer Versuch, ›ist‹ und ›sollen‹ auseinanderzuhalten, Aussicht auf Erfolg hätte, wo Denker wie Hume, Kant, Mill und viele andere kluge Köpfe scheiterten. Doch ich möchte verstehen, *weshalb* sie scheiterten: Weshalb suchen wir, trotz solch solider Ratgeber, weiter nach Werten in der Natur?

Diese Frage dürfte sich wohl nicht beantworten lassen, indem man die Gründe dafür einfach in weitverbreiteten Irrtümern, verkümmerten religiösen Glaubenshaltungen oder schlampigen Denkgewohnheiten sucht, denn hier handelt es sich nicht um einen simplen Fall von Massenirrationalität, sondern um eine sehr menschliche Form der Rationalität – und somit um den Gegenstand einer philosophischen Anthropologie. Mit meiner Untersuchungsmethode möchte ich die Quellen der Intuitionen freilegen, die die treibende Kraft bei der Suche nach Werten in der Natur sind. Diese Intuitionen haben sich, den Zeiten und Örtlichkeiten entsprechend, in einer üppigen Formenvielfalt Ausdruck verschafft – eine Vielfalt, die so groß war wie die Effloreszenzen der Natur und Kultur selbst. Etwas haben die Kernintuitionen, die dieser in den Naturen verankerten Normenvielfalt zugrunde liegen, jedoch gemeinsam. Ihr eigentlicher Kern ist die Erkenntnis von Ordnung – als Tatsache und als Ideal.

Einige Beispiele für die verschiedenen Weisen, in denen natürliche und moralische Ordnungen miteinander verflochten sind, sollen das Problem veranschaulichen. Da die Natur so reich an Ordnungen ist, kann die Analogie zwischen natürlichen und menschlichen Ordnungen viele Formen annehmen. Im Laufe der Jahrtausende wurde die Autorität der Natur für eine Fülle von Anliegen beansprucht: zur Rechtfertigung der Sklaverei und zur Verurteilung der Sklaverei, zum Lobpreis des Stillens und zur Verunglimpfung der Masturbation, um die Ästhetik des Erhabenen dem Schönen überzuordnen und die Ethik durch die Berufung auf Instinkt oder Evolution zu untermauern. Um dieser langen und bunt zusammengewürfelten Geschichte Gerechtigkeit widerfahren zu lassen, bedürfte es vieler Bücher (die erst noch geschrieben werden müssten) und ebenso vieler Bücher, um die verschiedenen natürlichen Ordnungen zu schildern, die diese unterschiedlichen Normen repräsentieren und häufig auch legitimieren sollen. Es gibt jedoch bestimmte und immer wiederkehrende Formen der Ordnung, von der griechisch-römischen Antike bis hin zur gestrigen Zeitung. In der intellektuellen Tradition des Westens (der einzigen, über die zu schreiben ich halbwegs qualifiziert bin) sind es vor allem drei, die sowohl die gelehrten Reflexionen wie die volkstümlichen Intuitionen nachhaltig und dauerhaft beeinflussten: die spezifischen Naturen, die lokalen Naturen und die universellen Naturgesetze.

II. Die spezifischen Naturen

Wie alle wirklich interessanten Wörter hat das Wort ›Natur‹ viele Bedeutungsschichten. Es kann sich auf alles im Universum beziehen (manchmal einschließlich und manchmal ausschließlich der Menschen), auf das Angeborene im Gegensatz zum Kultivierten, auf das Wilde im Gegensatz zum Zivilisierten, auf Rohstoffe im Gegensatz zu veredelten Produkten, auf das Spontane im Gegensatz zum feinsinnig Durchdachten, auf das Einheimische im Gegensatz zum Fremden, auf die materielle Welt ohne das Göttliche, auf eine Fruchtbarkeitsgöttin und vieles mehr, je nach Epoche und Kontext. Historiker und Etymologen erstellen lange Listen solcher Bedeutungen und zeichnen ihre verwickelte Geschichte nach.[7] Es wäre töricht, nur eine dieser vielen Definitionen und Nuancen als die authentische auszusondern; die Nützlichkeit des Begriffs liegt in der Komplexität des Wortes. Nichtsdestoweniger gibt es, zumindest in den meisten europäischen Sprachen, eine Bedeutung von ›Natur‹, die uralt, beständig und wirkmächtig zugleich ist: Natur als das Wesen eines Dings, das, was es zu dem macht, was es ist, und nicht zu etwas anderem, sein ontologischer Identitätsnachweis. Da es sich bei den prototypischen Beispielen um organische Spezies handelt, werde ich diesen roten Faden im Knäuel der ›Natur‹-Definitionen ›spezifische Natur‹ nennen.

Spezifische Naturen enthalten die charakteristische Form der Dinge – seien es Kastanienbäume oder Kupfer oder Füchse –, ihre Eigenschaften (blühend, rötlich, schlau) und ihre Anlagen (aus Samen zu wachsen, polierbar zu sein, sich im Winter zu paaren). Spezifische Naturen legen fest, wie eine bestimmte Art Ding – Tier, Pflanze, Mineral – aussieht und sich verhält. Es ist möglich, Aussehen und Verhalten zu verändern, aber nur indem man die spezifische Natur einschränkt oder ihr ›Gewalt antut‹: Es ist die Natur von Flammen, nach oben zu schlagen, aber man kann ihnen durch Feuergitter Einhalt gebieten; es ist die Natur von Erdbeeren, im Frühling zu reifen, aber man kann sie in Gewächshäusern auch im Winter dazu zwingen. Für Organismen sehen die spezifischen Naturen je eigene Entwicklungswege vor: Es ist natürlich, dass eine Kiefer in die Höhe und ein Affenbrotbaum in die Breite wächst, dass eine Kaulquappe zum Frosch heranreift, ein Heidelbeerstrauch Sommerfrüchte trägt, dass aus einem Welpen ein Hund wird und aus einem Lamm ein Schaf.

Spezifische Naturen bestimmen die *dramatis personae* und Handlungsverläufe des Universums.

In der westlichen Tradition ist ›spezifische Natur‹ die älteste und primäre Bedeutung des altgriechischen Wortes *physis* und des lateinischen Wortes *natura*, die beide etymologisch mit Zeugung und Wachstum zu tun haben. *Physis* teilt (sozusagen) dieselbe Wurzel mit dem Wort ›Pflanze‹ und suggeriert selbstgesteuertes Wachstum und die daraus resultierende Speziesform.[8] *Natura* kommt vom Verb »geboren werden«; diese Etymologie klingt noch in dem französischen Wort »langue natale« [Muttersprache] und dem englischen »innate« [angeboren] an. Bereits in der Antike verschmolzen die griechischen und lateinischen Bedeutungen von *physis* und *natura* miteinander; Sprachen (und nicht nur die romanischen) wiederum leiten ihre Worte für ›Natur‹ von dem lateinischen *natura* ab und haben die Bedeutung ›spezifische Naturen‹ voll und ganz übernommen.[9] Sogar Kulturen und Sprachen völlig anderer Herkunft und mit anderen Weltvorstellungen verwenden ähnliche Begriffe. Das Sanskritwort *dharma* ist in »dem Prinzip Ordnung verankert, ohne Rücksicht darauf, was diese Ordnung tatsächlich ist«, und bezieht die spezifischen Naturen mit ein: »Die Natur eines Individuums ist der Ausgangsstoff für sein Dharma und das der Gruppe, der es angehört; es ist die Natur der Schlangen zu beißen, die der Dämonen zu täuschen, die der Götter zu geben, die der Weisen ihre Sinne zu beherrschen; es ist daher ihr Dharma, sich so zu verhalten.«[10] Ethnobiologen bestätigen, dass häufig nicht nur Pflanzen und Tiere zu speziesartigen Gruppen geordnet werden (die zuweilen als »Volk« oder »generische Art« bezeichnet werden), sondern dass »allgemein angenommen wird, jeder generischen Spezies liege eine kausale Natur oder ein Wesen zugrunde, das allein verantwortlich sei für das typische Erscheinungsbild und Verhalten sowie für die ökologischen Präferenzen der Art.«[11]

Die Metaphysik spezifischer Naturen ist geheimnisvoll in dem Sinn, dass sie nicht leicht überprüfbar ist, und zugleich ist sie historischen Veränderungen unterworfen. Die alten Griechen stellten sie sich als inneres Prinzip vor; moderne Menschen verstehen sie als DNA oder chemische Struktur oder als Regelwerk analog einem Computerprogramm. Allgemeiner gesagt, spezifische Naturen beziehen sich auf angeborene oder spontane Eigenschaften im Gegensatz zu den Prägungen durch Kunst und Erziehung. Spezifische Naturen sind kompatibel mit der aristotelischen Teleologie, der zufolge die Dinge einem vorgegebenen Ziel zustreben (der Felsen strebt zum Erdmittelpunkt als seinem Ruhepunkt, die Eichel strebt danach, eine ausgewachsene Eiche zu werden), oder mit materialistischen Erklärungen, die sich auf biochemische Stoffwechselwege bzw. molekulare Strukturen berufen. Möglicherweise wurden die spezifischen Naturen der Schöpfung auf göttliches Geheiß hin eingepflanzt oder – der Evolutionstheorie zufolge – sie existieren bzw. entstehen und vergehen einfach. Doch welche Metaphysik zur Begründung der spezifischen Naturen auch bemüht wird, die Idee als solche ist unverwüstlich. In der Philosophie wurde sie von den Nominalisten attackiert, in der Biologie von den Darwinisten, und sie wurde von Techniken, so alt wie die Pfropftechnik und so neu wie die Gentechnik, infrage gestellt. Man hat sie missbilligt, weil sie die Grundlage des Rassismus war, und sie belächelt als einen zum Scheitern verurteilten Versuch, Erfahrung hübsch ordentlich zu parzellieren. Trotzdem ist die artspezifische Natur – als Idee und Praxis – tief verwurzelt und weitverbreitet und bleibt weiter bestehen.

Die Praxis, die Hand in Hand mit der Idee der artspezifischen Natur geht, ist die des Klassifizierens, und auf der allgemeinsten Ebene zeugt die bloße Existenz der gewöhnlichen Substantive für das kognitive Bedürfnis des Menschen, Dinge in Kategorien zusammenzufassen.

Wir können uns eine Welt, in der jedes einzelne Ding ein auf nichts zurückführbares Einzelding ist und von so eigener Art, dass es nicht mit einem anderen Ding vergleichbar ist, – eine Welt aus lauter Eigennamen – kaum vorstellen. Sowohl Sprache wie Erfahrung setzen ein Kategorienschema voraus. Die artspezifischen Naturen sind jedoch nicht einfach irgendwelche beliebigen Kategorien. Tief in sie eingebettet sind Wesen und Narrativ ihres Seins – nicht nur das, was sie augenblicklich sind, sondern auch das, was sie gewesen sind und sein werden.

Alle Kulturen entwickeln Kategorien aus Bequemlichkeit, Kennerschaft und Launen: Haushaltsgeräte, Unkraut, Symphonien. Die Fantasie eines Borges könnte daraus ein Spiel machen – die Kategorie aller Wolken, die innerhalb einer Stunde in der Morgendämmerung zu sehen sind; die des Spielzeugs von Kindern, die mittags nicht schlafen; die der Stadtwinde, die zwischen hohen Gebäuden dahinjagen und aus U-Bahnschächten aufsteigen. Doch niemand würde diese langweiligen oder fantastischen Kategorien mit spezifischen Naturen verwechseln. Das ist nicht nur eine Frage der Herstellung: Haushaltsgegenstände sind zwar von Menschenhand gemacht, aber Unkraut nicht – obwohl beide Kategorien auf Konvention beruhen. Wir können Kategorien aus etwas Natürlichem (Wolken, Pflanzen, Winde) und aus etwas Künstlichem (Waschmaschinen, Orchesterkompositionen) anfertigen. Diese Kategorien können im Alltagsleben nützlich, ja unverzichtbar sein: Geld ist keine spezifische Natur, aber es hält die Welt in Schwung. Jedoch fehlt ihm die Integrität einer spezifischen Natur, die seine Eigenschaften und seine Geschichte zu einer stabilen Art mit einer erkennbaren Gestalt und vorhersagbaren Verhaltensweisen verdichtet.

Die für die Ordnung spezifischer Naturen typische Störung ist die missglückte Fortpflanzung: Monster, die die Grenzen der Spezies überschreiten, oder – vor allem in der christlichen Tradition – Formen der Sexualität, einschließlich der Homosexualität, die nicht auf die Reproduktion von Gleichartigem abzielen. Die Ordnung der spezifischen Naturen ist zur Aufrechterhaltung eines Ideals der Authentizität und zur Diffamierung eines ebenso zählebigen Schreckgespensts des Unnatürlichen benutzt worden, wie in jüngster Zeit wieder in den Debatten über die Ehe von Homosexuellen. Aristoteles kommt immer dann auf das Kriterium der artgetreuen Fortpflanzung wahrer spezifischer Naturen zurück, wenn er versucht, echte Naturen von Zufallsprodukten und Erzeugnissen der Kunst oder Konvention zu unterscheiden. Den Argumenten, das Universum sei womöglich eher durch Zufall als durch die Regelmäßigkeiten der spezifischen Naturen zustande gekommen, begegnet er mit dem Beispiel der Fortpflanzung: »Daher ist klar, dass es etwas derartiges gibt, das wir (üblicherweise) Natur nennen. Denn nicht entsteht aus einem jeden Samen das, was sich gerade ergibt, sondern dieses Bestimmte aus diesem Bestimmten, und es entsteht auch nicht ein beliebiger Same aus einem beliebigen Körper.«[12] Was ist der Unterschied zwischen einer wahren spezifischen Natur, wie dem Menschen, und Artefakten, wie Betten? Menschen bringen andere Menschen hervor, aber große Betten zeugen keine kleinen Betten.[13] Es ist »wider die Natur (*para physin*)«, dass Geld Zinsen trägt, denn Geld hat keine spezifische Natur und kann sich daher, anders als Eltern, auch nicht fortpflanzen und Nachkommen haben.[14] In diesem letzten Beispiel greifen Normatives und Natürliches ineinander (in einer Weise, die sich jahrhundertelang auf die Gesetzgebung über den Wucher auswirkte): Offensichtlich *wurde* im Athen des Aristoteles Geld auf Zins verliehen; daher seine Klage. Hier, wie im Falle der Nichtübereinstimmung von Werkzeug und Aufgabenstellung, ist das Unnatürliche nicht das Unmögliche, sondern das Unerwünschte.

Metaphorische Verstöße gegen das Fortpflanzungsvorrecht der spezifischen Naturen sind schlimm genug; tatsächliche Verstöße sind schlimmer. Idealerweise reproduzieren spezifische Naturen sich selbst und damit die Ordnung der Welt; schon geringfügige Abweichungen von perfekten Kopien gelten als monströs: »Ja auch wer den Eltern nicht gleicht, ist in gewissem Sinne schon ein Wundertier, da in ihm die Natur schon gewissermaßen aus der Art geschlagen ist.«[15] Für Aristoteles ist Monstrosität ein Kontinuum, das damit beginnt, dass der Nachwuchs es nicht schafft, seinen männlichen Elternteil zu replizieren (in diesem Sinne sind alle Töchter so etwas wie Missbildungen), bis der Punkt erreicht ist, an dem er nicht einmal mehr der Spezies seiner Eltern ähnelt. Die Einzelheiten von Aristoteles' Zeugungstheorie sollen uns hier nicht beschäftigen, nur das eherne Bindeglied, das die artspezifische Natur an die Fortpflanzung bindet und somit Monstrosität – missglückte Reproduktion – an die Untergrabung der artspezifischen Natur.

Spezifische Naturen garantieren eine Ordnung der Dinge. Aristoteles setzt sie als Waffen ein, wenn er gegen philosophische Gegner zu Felde zieht, die behaupten, das Universum sei ein bloßes Zufallsprodukt; bis heute sind sie die schärfsten Pfeile im Köcher derer, die die Funktionsweise des Designs über die mäandernde Bewegung der Evolution stellen. Aber man

braucht sich nicht auf die lenkende Instanz einer Gottheit zu berufen oder die Natur zu personifizieren (die Natur bei Aristoteles ergeht sich nicht in Überlegungen[16]) oder gar alle spezifischen Naturen zu einer kosmischen, allumfassenden Natur zusammenzufassen, um die von den spezifischen Naturen verbürgte Gesetzmäßigkeit zu würdigen. Es ist auch nicht nötig,

der Auffassung von den spezifischen Naturen bei Aristoteles vollumfänglich beizupflichten. Kant zufolge ist die Stabilität der spezifischen Naturen, neben den psychologischen Assoziationsgesetzen, eine Vorbedingung aller Erfahrung: »Würde der Zinnober bald rot, bald schwarz, bald leicht, bald schwer sein, ein Mensch bald in diese, bald in jene tierische Gestalt verändert werden, […] so könnte meine empirische Einbildungskraft nicht einmal Gelegenheit bekommen, bei der Vorstellung der roten Farbe den schweren Zinnober in die Gedanken zu bekommen.«[17] Wir können uns schwerlich eine Welt ohne spezifische Naturen vorstellen, in der alles sich ständig in alles andere verwandeln würde und das, was ein Ding jetzt ist, keinen Aufschluss darüber gäbe, wie es war und sein wird. Dennoch ist die Ordnung der spezifischen Naturen nicht einfach der Nullpunkt aller Ordnungen; sie ist vielmehr eine Ordnung für sich und, wie die folgenden Abschnitte deutlich machen werden, nicht ohne Alternativen.

III. Die lokalen Naturen

Die lokalen Naturen beziehen sich auf die Besonderheiten eines Ortes. Sie verweisen auf die charakteristische Kombination von Flora und Fauna, Klima und geologischer Beschaffenheit, die einer Landschaft ihr Gesicht verleihen: Wüstenoase oder tropischer Regenwald, Mittelmeerküste oder Schweizer Alpen. Die moderne Wissenschaft der Ökologie untersucht die Art und Weise, in der Organismen und Topografie miteinander verflochten sind und unverwechselbare lokale Naturen entstehen lassen. Doch bereits lange vor einer solchen Wissenschaft wussten die Menschen um die Ordnung der lokalen Naturen, um die Vertrautheit der Heimat etwa oder die Fremdheit des Exotischen, und seit jeher wusste man um die enge Verflechtung lokaler Naturen mit lokalen Bräuchen. Als der griechische Historiker und Reisende Herodot im 4. Jahrhundert v. Chr. Ägypten besuchte, beschrieb er, dass Natur und Brauchtum – gemessen an heimischen Maßstäben – dort völlig auf den Kopf gestellt seien, denn der Nil fließe von Süden nach Norden und Männer und Frauen hätten die Rollen getauscht: »Wie der Himmel bei den Ägyptern anders ist als in anderen Ländern, der Strom [der Nil] sich anders verhält als die anderen Flüsse, so stehen auch die Sitten und Bräuche der Ägypter größtenteils in allen Stücken im Gegensatz zu denen der übrigen Völker. Bei ihnen gehen die Frauen auf den Markt und treiben Handel, während die Männer zuhause sitzen und weben. [...] Den Urin lassen die Frauen im Stehen, die Männer im Sitzen.«[18] Die lokalen Naturen weisen dieselben Gesetzmäßigkeiten auf wie die lokalen Bräuche: *per definitionem* sind sie weder uniform noch universell, nichtsdestoweniger sind sie innerhalb geografischer Grenzen vorhersagbar. Global gesehen, bilden die lokalen Naturen einen Flickenteppich aus Feldern und Wäldern, Tropen und Tundra. Doch innerhalb jedes dieser Flicken wissen die Bewohner im Großen und Ganzen, was sie zu erwarten haben. Es ist die Ordnung der Gepflogenheiten der Natur, auf die die Bräuche der Menschen aufs Engste abgestimmt sind.

Obwohl nicht nur die Dichtung, sondern auch ganze Schulrichtungen der Geografie und der *Annalen*-Geschichtsschreibung von diesem Zusammenspiel der lokalen Natur und des Brauchtums zehren, wurde die Metaphysik des Brauchtums, die von der Antike bis zur Aufklärung für beide den gemeinsamen Rahmen bildete, verdrängt, allerdings ging sie nie ganz verloren. Die hervorstechenden Aspekte dieser Lehre waren erstens die charakteristische Eigenart von lokaler Natur und Brauchtum; zweitens ihr Zusammenklang; drittens die Formbarkeit beider, die sich häufig gemeinsam änderten; und viertens das Modell einer Interaktion, der es um Integration und nicht Exklusion des jeweils anderen ging. Ihr *locus classicus* war die hippokratische Schrift *Über Winde, Wasser und Örtlichkeiten* (5. Jh. v. Chr.), in der umherziehenden Ärzten Ratschläge zur Behandlung von Bewohnern unterschiedlicher Landschaften und Klimata erteilt wurden. Ihren politischen Ausdruck hat sie bekanntlich in Montesquieus *De l'Esprit des lois* (1748), über die Harmonie zwischen Völkern, ihren Klimata und ihren Gesetzen, gefunden. Eine aktualisierte Version der lokalen Naturen wurde im 19. Jahrhundert – inspiriert durch Alexander von Humboldts *Ansichten der Natur* (1807), das Landschaften nach »Physiognomien« ordnet – der Nukleus eines immensen wissenschaftlichen Forschungsprogramms.

In *Über Winde, Wasser und Örtlichkeiten* wird den umherziehenden Ärzten eingeschärft, die Auswirkungen von Wind, Jahreszeiten, Sternkonstellationen, Wasser, Bodenbeschaffenheit und Lebensweise der Bewohner verschiedener Orte zu studieren, um typische lokale Krankheiten diagnostizieren und behandeln zu können. Das an einem Ort gesammelte medizinische Wissen lasse sich nicht ohne Weiteres so verallgemeinern, dass es auch für einen anderen Ort gelte, es sei denn, beide Orte ähnelten einander hinsichtlich der entscheidenden Aspekte. Obwohl die jeweiligen spezifischen Naturen in Zeit und Raum einheitlich seien, bildeten sie aufgrund ihrer komplexen Zusammensetzung und wechselseitigen Modifizierung unterscheidbare lokale *Gestalten.* Asien unterscheide sich zum Beispiel von Europa »sowohl in dem, was aus der Erde wächst, als auch in den Menschen. Viel schöner und größer ist alles in Asien; dieses Land ist kultivierter, und die Charakterzüge der Menschen sind liebenswürdiger und umgänglicher.«[19] Auch Herodot lenkt die Aufmerksamkeit auf die natürlichen Eigenheiten der verschiedenen Regionen und wie die Vorsehung sie untereinander und in ihrem Inneren dafür entschädige. So gebe es in Indien womöglich mehr Gold als in Griechenland, doch Griechenland sei mit einem gemäßigteren Klima gesegnet; in Arabien wimmele es von giftigen Schlangen; da aber das Weibchen dem männlichen Tier bei der Kopulation den Kopf abbeiße und dann seinerseits von den Jungen aus Rache für ihren Vater getötet werde (eine Art *Oresteia* der Schlangen), halte sich ihre Anzahl in Grenzen.[20] Obwohl die hippokratischen Autoren sich weder auf die Götter noch auf die Vorsehung berufen, lässt sich in manchen Beschreibungen eine ähnliche kompensatorische und komplementäre Logik entdecken: Die asiatischen Völker und ihr Vieh seien üblicherweise zwar von größerer und schönerer Statur als ihre europäischen Pendants, Mut und Fleiß allerdings könnten unter asiatischen Bedingungen nicht florieren.

Lokale Naturen und die lokalen Bräuche gehen Hand in Hand. Den Asiaten fehlt es an Begeisterungsfähigkeit, Ausdauer und Fleiß, weil ihr Klima mild und gleichmäßig ist *und* weil sie von Despoten beherrscht werden, ein Zustand, der sie nicht dazu anspornt, »sich für den Krieg zu üben« oder hart zu arbeiten.[21] Eine ähnliche Logik waltet in dem hippokratischen Bericht über den Stamm der Langköpfe, die die Köpfe ihrer Kleinkinder mit Binden und allen möglichen anderen Hilfsmitteln in die Länge streckten. Diese Sitte wurde schließlich von der Natur ergänzt, indem *physis* und *nomos* sich aufeinander einspielten: »So war es am Anfang die Sitte, die es bewirkte, dass unter Gewalteinwirkung die Natur eine solche Form angenommen hat. Mit der Zeit aber ging diese Form in die Natur über, so dass die Sitte aufhörte, Zwang auszuüben.«[22]

Die Idee der lokalen Naturen ist alt, aber sie

erhielt im 17. und 18. Jahrhundert neuen Auftrieb durch die von der Naturkunde und der Physicotheologie (die oft Hand in Hand gingen) sorgfältig ausgearbeiteten Theorien über das Gleichgewicht der natürlichen Systeme, vom Sonnensystem bis zum Ökosystem. Die Natur selbst wurde nun wieder kohärenter gedacht – als ein harmonisches Ganzes, dessen ineinandergreifende Teile sich in einem empfindlichen Gleichgewicht befanden. Der schwedische Naturforscher Carl von Linné (1707–1778) bezeichnete dieses System als »Oeconomia«, der moderne Begriff dafür ist »Ökologie«.[23] Beide Wörter stammen von dem altgriechischen Wort für »Haushalt« (*oikos*) ab – eine eigenständige, auf Arbeitsteilung und ständiges Geben und Nehmen ihrer Teile angewiesene Einheit. Das Gleichgewicht des *oikos* ist dynamisch, denn es entsteht durch Spannung und ist einem Tau vergleichbar, das dadurch straff und gerade wird, dass zwei einander entgegenwirkende Kräfte daran ziehen. Sowohl im Raum wie in der Zeit zeigt sich seine Harmonie nur auf makroskopischer Ebene; aus mikroskopischer Sicht, an einem genau bestimmten Ort und Augenblick, kommen die Mitglieder eines Haushalts bzw. die Organismen einer Ökologie ständig einander ins Gehege, stoßen zusammen und passen sich einander an. Die Idee des *oikos* ist alt, so alt wie das, was man heute als lokale Ökologie bezeichnen würde. Lange bevor es eine Wissenschaft dieses Namens gab, kommentierten die Menschen die Ordnung der lokalen Naturen: die charakteristische Kombination aus Flora und Fauna, Klima und Geologie, die die charakteristische Physiognomie einer Landschaft ausmacht, ob Wüstenoase oder tropischer Regenwald, Mittelmeerküsten oder sibirische Tundra. Der Schlüssel zu all diesen lokalen Ökologien war die Vorstellung, dass die einzelnen Elemente ein harmonisches – und zuweilen labiles – Ganzes bildeten, das sich in einem empfindlichen Gleichgewicht befand.

Wenn im Falle der spezifischen Naturen Monster die prototypische Störung der Ordnung darstellen, sind es im Falle der lokalen Naturen die Ungleichgewichte, die diese Rolle spielen. Dies war und ist vor allem dann der Fall, wenn menschliche Aktivitäten teilweise oder ganz für die Erschütterung des Gleichgewichts der Natur verantwortlich zu sein scheinen. Die Natur, die den täglichen Katastrophenschlagzeilen zufolge Rache nimmt, wird weder personifiziert noch vergöttlicht. Zwar ist Mutter Natur Gegenstand von Karikaturen, doch auf so ironische Weise, dass niemand ernstlich auf den Gedanken käme, sie würde Wirbelstürme und Waldbrände absichtlich herbeiführen. Selbst die

Befürworter der Gaia-Hypothese, die die Erde als lebendigen Organismus betrachten, räumen schnell ein, sie sei keine »empfindungsfähige Lebensform wie etwa ein Tier oder Bakterium.«[24] Die sich rächende Natur ist vielmehr ein sich selbst regulierendes System, wie ein Thermostat oder der Fliehkraftregler einer Watt'schen Dampfmaschine.[25] Das allgemeine Prinzip ist dasselbe, ob es sich bei dem System um einen Organismus, das Sonnensystem oder um eine Maschine handelt: Kleine Erschütterungen bringen es aus dem Gleichgewicht, doch nur vorübergehend; wird das System aber zu heftig und zu lange erschüttert, beginnt es chaotisch zu schlingern. Organe versagen, Monde kommen von ihrer Bahn ab, Apparaturen explodieren. Der allgemeine Mechanismus, der die Rache der Natur auslöst, ist genau dies: ein Mechanismus.

Aber warum Rache? Warum nicht einfach Störungen des Gleichgewichts, die nur aus Versehen zustande kamen – aus Fahrlässigkeit vielleicht, aber nicht in böser Absicht? Warum ist unser Verständnis von Naturkatastrophen, wie wir es auch drehen und wenden, nach wie vor so schuldbeladen? Von einer Rache der Natur kann erst dann die Rede sein, wenn es eine menschliche Mitschuld an der Katastrophe gibt, auch wenn keiner die Zerstörung absichtlich herbeiführte: geldgierige Bauträger, die Überschwemmungsgebiete als Bauland verkauften; träge Politiker, die die Deiche nicht instand hielten; korrupte Beamte, die Bauunternehmen erlaubten, sich in Erdbebengebieten über Bauvorschriften hinwegzusetzen; die Selbstherrlichkeit von Industrienationen, die sich weigern, ihre CO_2-Emissionen zu verringern. Es ist verräterisch, dass die Formulierung von der »Rache der Natur« in den Leitartikeln zu den Katastrophen des März 2011 in Japan fast ausschließlich in Verbindung mit dem Unfall im Kernkraftwerk Fukushima auftauchte – nicht hinsichtlich des Erdbebens oder des Tsunamis, die den Unfall auslösten, obwohl Letztere drei Größenordnungen mehr an Menschenleben forderten und nachweislich natürlicher waren. Erst wenn menschliche Hybris, Gier oder Schlamperei aufgedeckt werden können, kommt die »Rache der Natur« ins Spiel, ganz gleich welche entsetzlichen Verwüstungen andere Katastrophen anrichten.

Die paradoxe Konsequenz der immer gründlicheren Erforschung der natürlichen Zerstörungsursachen war die Entlarvung menschlicher Motive, sodass – zumindest auf lokaler Ebene – Naturkatastrophen zu Legenden von ›Schuld und Sühne‹ umgestrickt wurden. Lokale Naturen geraten nicht durch Monster aus den Fugen, sondern durch Ungleichgewichte: Störe das empfindliche Gleichgewicht der einzelnen Elemente, und dem Ganzen droht die Katastrophe – die Rache der Natur. Wie die Ordnung der spezifischen Naturen hat auch die Ordnung der lokalen Naturen eine lange Geschichte, von der hippokratischen Medizin bis hin zu den Befürchtungen unserer Tage hinsichtlich gentechnisch veränderter Organismen.

IV. Die universellen Naturgesetze

Die universellen Naturgesetze gestatten, im Gegensatz zu den örtlichen Gepflogenheiten der Natur, keine Ausnahmen – zumindest nicht von Seiten Sterblicher. Sie definieren eine einheitliche und unumstößliche Ordnung, die überall gilt, immer gleich ist und eherne Gesetzmäßigkeiten aufweist. Wenn die Wissenschaft der spezifischen Naturen die Taxonomie ist und die Ökologie die der lokalen Naturen, dann ist die Wissenschaft der universellen Naturgesetze die Himmelsmechanik. Der unerbittliche Lauf der Sterne und Planeten im Himmel ist das Modell für eine perfekt geregelte Welt beständigen Wandels. Im Zimmer nebenan und in der entlegensten Galaxie gelten dieselben Naturgesetze. Die Verletzung eines universellen Naturgesetzes ist ein Wunder – oder reinster Zufall. Prototyp für die Ordnung des universellen Naturgesetzes ist die universelle Gravitation, die Isaac Newton 1687 in ihrer maßgebenden Allgemeingültigkeit vorstellte. Doch wie die der spezifischen und lokalen Naturen reicht die Idee der universellen Naturgesetze bis in die Antike zurück, vor allem im Kontext der mathematischen Wissenschaften Astronomie und Optik. Seneca berief sich auf eine mögliche ›Gesetzmäßigkeit‹ der Kometen, und Plinius verlangte eine ›Gesetzmäßigkeit‹ der maximalen Elongation von Venus und Merkur.[26] Auch die Doktrin eines universellen Determinismus lässt sich weit zurückverfolgen; aber sie war, zumindest im lateinischen Westen, nicht in der Naturphilosophie beheimatet, sondern in der Theologie in Gestalt verschiedener kontroverser Prädestinationslehren von Augustinus bis Calvin. Bis zum 17. Jahrhundert wurde die Gesetzesterminologie allerdings wenig systematisch und nur auf einzelne Gesetzmäßigkeiten angewandt (vor allem in der Astronomie) und nicht auf die Natur als ganze. Termini wie »Regel« (*regula*) oder »Axiom« (*axioma*) waren mindestens ebenso verbreitet.

Die aristotelische Naturphilosophie und ihre lateinischen Interpreten im Mittelalter verstanden unter einer *scientia*, die diesen Namen verdiente, das sichere, kausale Wissen über Universalien – aber kein *universelles* Wissen über Universalien. Einige Disziplinen mochten Gewissheit bieten, ließen sich aber nicht kausal begründen. Die sogenannten »gemischten mathematischen« [mathematica mixta] Disziplinen der vormodernen Astronomie, Optik und Harmonielehre verfügten über beeindruckende mathematische Modelle der Bewegungen von Himmelskörpern oder der Reflexion und Refraktion des Lichts, ohne jedoch auf die physikalischen Ursachen hinzuweisen. Andere Disziplinen waren womöglich zu sehr dem Detail verhaftet, um Verallgemeinerungen zuzulassen: Die praktische Medizin, die sich mit der Verschiedenartigkeit individueller körperlicher Erscheinungsbilder auseinandersetzen muss, gehörte in diese Kategorie. Und wieder andere Phänomene waren entweder zu selten (z. B. eine *Aurora borealis* oder ein Blutregen) oder den Sinnen zu wenig zugänglich (z. B. die Funktionsweise eines Magneten oder eines Gifts), um etwas anderes als beobachtete Zusammenhänge aufzudecken. Die Gewissheit der scholastischen Naturphilosophie ging zu Lasten ihrer Bandbreite: Sie bot Erklärungen für das, was immer oder meistens geschah (eine bei Aristoteles häufig wiederkehrende Formulierung), nicht für Phänomene, die nur alle Jubeljahre auftraten oder von Individuum zu Individuum variierten oder sich einer kausalen Überprüfung schlichtweg widersetzten – auch wenn all diese Ereignisse für vollkommen natürlich gehalten wurden. Auf vielen nützlichen Wissensgebieten, wie in der praktischen Medizin oder im Ingenieurswesen, ging man selbstverständlich davon aus, dass fast immer Ausnahmen von allen nur denkbaren Verallgemeinerungen existierten.

Für derart unvollkommene Regelmäßigkeiten gab es im Mittelalter und in der Renaissance kein standardisiertes Vokabular: Neben dem Wort »Regeln« (*regulae*) standen, je nach Disziplin oder Kontext, noch die Wörter »Vorschriften« (*praecepta*), »Axiome« (*axiomata*), »Aphorismen« (*aphorismi*), »Gewohnheiten« (*consuetudines*) und (vor allem im Zusammenhang mit der Astronomie und der Grammatik) »Gesetze« (*leges*) zur Verfügung.[27] Doch welche Terminologie auch verwandt wurde, ein unumstößliches und unveränderliches Naturgesetz im modernen Sinn, das überall und immer gültig war, war *nicht* damit gemeint. Vielmehr verstand man die Natur als ein buntes Nebeneinander aus verschiedenartigen Regelmäßigkeiten, Zuständigkeiten und Genauigkeitsgraden. Einige Regelmäßigkeiten waren mathematischer Art, trafen aber nur auf eine begrenzte Reihe von Phänomenen zu (auf Phänomene, bei denen die Form der Materie überlegen war, wie im Falle des Lichts, oder bei denen die Materie von besonderer Art war, wie im Falle des himmlischen Äthers); andere leiteten sich aus der spezifischen Natur der Substanz ab (z. B. brennt Feuer überall); wieder andere waren Beobachtungen, in denen langjährige Erfahrungen zusammenflossen

(z. B. kündigen bestimmte Wolkenarten schönes Wetter an). Die Natur war ordentlich, aber nicht exakt; sie folgte Gepflogenheiten, die gelegentlich Ausnahmen zuließen, und nicht strengen Gesetzen.

Der Begriff – einheitlicher, universeller und unumstößlicher – Naturgesetze kristallisierte sich im Laufe des 17. Jahrhunderts aus einem Gewirr von Theologie, Naturphilosophie und gemischter Mathematik heraus.[28] Entscheidend für den Erfolg der Vorstellung, dass die Natur von Gesetzen regiert wird, war eine voluntaristische Theologie, die sich Gott als »göttlichen Gesetzgeber« vorstellte, der der Natur Gesetze auferlegte wie ein absoluter Monarch seinem Königreich. Viele führende Köpfe der Wissenschaftsrevolution, darunter René Descartes, Robert Boyle und Isaac Newton, befürworteten irgendeine Variante dieser Auffassung, dass das Naturgesetz Ausdruck des freien göttlichen Willens sei. Diese Gesetzesmetapher sorgte zunächst sogar unter ihren Anhängern für einige Verwirrung: Wie konnte die nicht denkende Materie Gesetzen ›gehorchen‹, die doch bewusste Zustimmung erforderten? Wie konnte die Idee von Gesetzen, welche bekanntlich Verletzungen und örtlichen Ausnahmen unterworfen waren, den Sinn eines überall und stets gültigen göttlichen Erlasses erhalten? Und wie ließen sich solche unumstößlichen Naturgesetze mit den religiösen Lehren über biblische Wunder vereinbaren?[29]

Ungeachtet dieser Schwierigkeiten spielten Maschinenanalogien bei der Etablierung der Idee universeller, unumstößlicher Naturgesetze eine zentrale Rolle, allen voran die Analogie des Uhrwerks. Die Schriften des englischen Naturphilosophen Robert Boyle (1627–1691), der über die Problematik der Anwendung der Idee des »Gesetzes« auf die Natur insgesamt nachdachte, liefern dafür schlagende Beispiele. Die meisten seiner Beispiele – z. B., wie die makroskopischen Eigenschaften von Phänomenen durch Berufung auf die hypothetische Form, Größe und Anzahl mikroskopischer Korpuskel erklärt werden könnten – hätten aus Lukrez' epikuräischem Lehrgedicht *De rerum natura* (1. Jh. v. Chr.) stammen können (was sie mitunter auch taten): Beispielsweise sei der Grund für die Klebrigkeit des Honigs der, dass die Partikel, aus denen er sich zusammensetzt, kleine Haken hätten, wie Brombeerranken. Es gab in seiner Zeit jedoch eine Maschine, auf die Boyle immer wieder zurückkam, wenn er nach Analogien und Metaphern zur Erhellung der mechanischen Philosophie suchte: das Uhrwerk – und zwar nicht irgendein Uhrwerk, sondern die ausgefallensten Uhren, die den Europäern der Frühen Neuzeit

bekannt waren, Touristenattraktionen wie die astronomische Uhr im Straßburger Münster, die 1570 bis 1574 von einem Team Schweizer Handwerker unter Leitung des Mathematikers Conrad Dasypodius gebaut wurde.[30]

Was Boyle an der Straßburger Uhr mit ihren vielen Zifferblättern faszinierte, auf denen die Bewegungen der Himmelskörper, aufwendige Darstellungen von krähenden Hähnen, mehrstimmiges Glockenspiel und automatisch aufmarschierende Figuren zu verfolgen waren, war die Art und Weise, wie die Handwerker die Zukunft in die Funktionen der Uhr eingebaut hatten. Einmal in Gang gesetzt, entfalteten sich alle Prozesse ohne weiteres Zutun der Uhrmacher. Und genau eine solche, von Gott gebaute Maschine sei die Natur, argumentierte Boyle: »[S]ie ist wie eine seltene Uhr, wie zum Beispiel die in Straßburg, wo alles so kunstvoll erdacht ist, dass die Maschine, einmal in Gang gesetzt, ganz nach dem ersten Entwurf des Handwerkers abläuft, und die Bewegungen der kleinen Statuen, welche zu bestimmten Stunden dies oder jenes ausführen, nicht, wie Marionetten, des besonderen Eingriffs durch den Handwerker oder eines von ihm eingesetzten intelligenten Vertreters bedürfen, sondern vermöge der allgemeinen und einfachen Einrichtung des ganzen Gebildes ihre Funktionen bei besonderen Gelegenheiten erfüllen.«[31]

Ja, sogar die Phänomene, die dem menschlichen Beobachter abnorm vorkämen – Erdbeben, Vulkanausbrüche, neue Sterne und all die anderen aus der aristotelischen Naturphilosophie ausgeklammerten Absonderlichkeiten –, seien von Anbeginn vom Schöpfer vorgesehen gewesen und in das göttliche Uhrwerk eingebaut worden. Gott könne, so räumt Boyle ein, bei sehr seltenen Gelegenheiten seine Maschine durch ein Wunder außer Kraft setzen, aber, so seine Argumentation, ein echtes Wunder lasse sich von dem »vorgefertigten« Wunderding dadurch unterscheiden, dass die ansonsten unumstößlichen Gesetzmäßigkeiten von Materie und Bewegung vorübergehend aufgehoben würden.[32] Boyle hatte sowohl theologische wie naturphilosophische Gründe, die Natur mit der Straßburger Uhr zu vergleichen. Eine Uhr, mochte sie auch noch so kunstvoll sein, war nicht aus eigener Kraft handlungsfähig. Boyle wandte sich gegen eine Personifizierung der Natur und warnte vor der Gefahr des Götzendienstes, wenn man anderen Geschöpfen als Menschen und Engeln Intelligenz und Vernunft zuschreibe: Waren Juden und Heiden etwa nicht rückfällig geworden und hatten wieder Sonne und Mond und andere Himmelskörper angebetet?[33] Boyles Analogie zwischen dem Naturganzen, einschließlich der Anomalien, und dem, was er die »vorgefertigte« – wir könnten versucht sein zu sagen die ›vorprogrammierte‹ – Funktionsweise einer echten Maschine, der astronomischen Uhr in Straßburg, nannte, erfasst die Idee unumstößlicher, einheitlicher und universeller »Naturgesetze«, unter denen man etwas Grundlegenderes zu verstehen hat als bloße empirische »Regeln«.[34]

Wie Boyle – und im Gegensatz zu Gottfried Wilhelm Leibniz – hielt Isaac Newton daran fest, dass Naturgesetze von Gott sowohl aufgehoben wie durchgesetzt werden könnten: Wunder seien prinzipiell weiter möglich; Gottes freier Wille unterliege keiner Einschränkung, auch nicht durch die Naturgesetze, die Er selber erlassen habe.[35] In der Praxis kamen solche Abweichungen allerdings überaus selten vor. Der göttliche Ingenieur, der alle Eventualitäten vorhersah, brauchte die Mechanismen der Maschine Natur nicht außer Kraft zu setzen. In der Aufklärung beflügelte die Newton'sche Naturphilosophie mit ihrer Vision eines Universums, das von universellen Gesetzen regiert wird, die überall und stets dieselben sind, die Fantasie der Philosophen und politischen Reformer, die nach entsprechenden universellen Gesetzen für den menschlichen Bereich suchten. Sowohl in der Unabhängigkeitserklärung (1776), mit der die amerikanischen Kolonisten ihre Verbindung zur britischen Krone abbrachen, wie in der *Déclaration des droits de l'homme et du citoyen* (1789), die von der französischen revolutionären Assemblée nationale proklamiert wurde, spiegelt sich die Redeweise von Rechten, die von der Natur verbürgt und somit universell und unveräußerlich sind. Wie die Ordnung der spezifischen und lokalen Naturen ist auch die Ordnung der universellen Naturgesetze heute noch in den Vorstellungen über moralische Ordnungen prä-

Voulez-vous être heureux? écoutez la Nature.

sent, zum Beispiel in der Kampagne für die universellen Menschenrechte, die keine Grenzen oder örtliche juristische Zuständigkeiten kennen.

Die Ordnung der Naturgesetze wurde in der Aufklärung zu einer säkularen Metaphysik, obwohl sie ihren Ursprung in der Theologie eines absolut freien göttlichen Willens hatte, der seine Verfügungen dem gesamten Universum auferlegte – und im Prinzip bei Gelegenheit auch widerrief. Der einzige Hinweis auf den Voluntarismus, der diese Ordnung anfänglich inspiriert hatte, fand sich in der Störung dieser Ordnung: in der Ausübung eines – göttlichen oder menschlichen – Willens, der nicht an die deterministischen Gesetze gebunden war, die in jedem anderen Bereich galten. Akte des göttlichen Willens bewirkten Wunder, Akte des menschlichen Willens moralische Freiheit. Sie waren nachgerade die einzigen Schlupflöcher in der ansonsten universellen Zuständigkeit der Naturgesetze.

V. Die Leidenschaften des Unnatürlichen

Im Laufe vieler Jahrhunderte und Kulturen wurde jede dieser natürlichen Ordnungen dazu benutzt, verschiedene moralische Ordnungen zu ersinnen und zu rechtfertigen. Das Besondere an den dreien, die ich herausgegriffen habe, ist, dass sie langlebig und polyvalent waren sowie starke Emotionen hervorriefen, wenn sie verletzt wurden. Die betreffenden Emotionen sind typisch und heftig und auch unter den Emotionen insofern ungewöhnlich, als sie ein starkes Gefühl mit intellektueller Wertung verbinden: die Leidenschaften des Unnatürlichen. Jede dieser drei natürlichen Ordnungen ist dazu verwandt worden, eine bestimmte Form des Unnatürlichen zu definieren und zu bekämpfen: die Monster, welche die Ordnung der spezifischen Naturen verletzen; die Störungen des Gleichgewichts, welche die Ordnung der lokalen Naturen auf den Kopf stellen; der Indeterminismus, der gegen die Ordnung der Naturgesetze verstößt. Auffallend ist, dass diese Varianten des Unnatürlichen auch bestimmte emotionale Reaktionen hervorrufen: Entsetzen, Schrecken und Staunen. Es sind Emotionen – oder vielmehr Leidenschaften im ursprünglichen Sinn des Wortes, ein extremer Zustand, den wir mehr erleiden als empfinden –, die einen Ordnungsverstoß registrieren. Obwohl zum Beispiel Entsetzen und Staunen als Erfahrungszustände anscheinend um Welten auseinander liegen, hängen sie in einer tieferen Schicht zusammen. Das zeigt sich auch in der merkwürdigen Tendenz, dass eine Leidenschaft in die andere umschlägt. Die Verwandtschaft von Entsetzen und Schrecken ist einigermaßen offensichtlich, der eigentümliche Schrecken, den die »Rache der Natur« hervorruft, hat jedoch auch aufschlussreiche Affinitäten zum Staunen: das Erhabene der Naturkatastrophen. Diese Leidenschaften bilden eine Trias und sind sowohl durch ihre Beziehungen untereinander wie durch die gemeinsame Tendenz zur Verschleierung der Grenze zwischen moralischen und natürlichen Stimuli miteinander verbunden. Sie sind die subjektive Seite der objektiven Wahrnehmung einer Störung, die so dramatisch ist, dass sogar die Natur ins Wanken gerät.

Staunen, Entsetzen und Schrecken sind echte Leidenschaften, keine bloßen Emotionen. *Leiden*schaften werden im eigentlichen Sinn des Wortes »Passion« (von dem griechischen *pathema* und dem lateinischen *passio*) erlitten wie eine

THE INDEPENDENT

Mother nature's revenge against human development

Krankheit (das Wort »Patient« hat dieselbe Wurzel); sie sind etwas, das uns eher befällt als bewegt, weniger Seelenzustände als Belagerungen der Seele. Anders als die Emotionen, die im 18. Jahrhundert erstmals als Bewegungen in Nerven und Gehirn gedacht wurden, oder als die noch zarteren Empfindungen und Gefühlsregungen gehören uns die Leidenschaften nicht; wir gehören ihnen.

Ob es sich bei der betreffenden Ordnung um eine natürliche oder eine moralische Ordnung handelt, ist oft schwierig, wenn nicht gar unmöglich festzustellen. Ist zum Beispiel das Entsetzen vor Monstern, die ersichtlich Kreuzungen von Spezies sind, eine Reaktion auf die Verletzung einer natürlichen Grenze oder auf einen Verstoß gegen ein moralisches Tabu, das Sodomie verbietet? Ist der Schrecken, den eine Überschwemmung oder eine Lawine auslöst, einfach die übertriebene Angst vor einer extremen Gefahr für Leben und Besitz oder wird die Angst verstärkt durch ein Gefühl der Schuld, für die Katastrophe mitverantwortlich zu sein? Staunen wir vor Wundern (oder vor dem freien Willen), weil hier die Kette der Kausalitäten zerreißt oder weil sich ein – menschlicher oder göttlicher – Wille bewusst über alle Beschränkungen hinwegsetzt? Die Fragen in Form eines Entweder-Oder zu stellen, erscheint bereits forciert, denn es ist charakteristisch für diese Leidenschaften, dass sie die Unterscheidung zwischen Moralischem und Natürlichem unscharf werden lassen.

Diese subjektiven Reaktionen auf das Unnatürliche, das jeweils durch verschiedene Arten natürlicher Ordnungen definiert ist, lassen zumindest bei einigen Leidenschaften auf eine kognitive Komponente schließen. Entsetzen, Schrecken und Staunen werden ausgelöst, wenn eine größere Beeinträchtigung der Ordnung (sei sie moralisch oder natürlich oder beides) als solche registriert wird: ein Akt der Wahrnehmung und Bewertung, der eine gewisse Vertrautheit voraussetzt mit der besonderen Art von Geordnetheit, die beeinträchtigt wurde – ganz so, wie wenn man sagt, »da stimmt etwas nicht«. Man muss zum Beispiel schon eine ganze Menge über das örtliche Klima und seine Flora und Fauna wissen, um zu bemerken, dass die Schwalben nicht von ihrer jährlichen Wanderung zurückgekehrt sind oder dass die Monsunregen sich dieses Jahr sehr verspäten. Wissen kann zu einer Neubewertung führen und aus einem offensichtlichen Wunder ein völlig vorhersagbares Ereignis machen: Sternkundige, so Thomas von Aquin, würden sich über eine Sonnenfinsternis nicht wundern, während sie Bauern, die nicht lesen und schreiben können, die Sprache verschlage.[36] Aber es ist auch so, dass die Kenntnis der Regeln der Natur dazu führen kann, dass mögliche Ausnahmen stärker wahrgenommen werden: Für den Astronomen, der sich gut mit den Bahnstörungen des Mondes auskennt, ist eine unerklärliche Schwankung, und sei sie noch so geringfügig, ein potenzielles Wunder. Staunen, Schrecken und Entsetzen sind nicht die einzigen kognitiven Leidenschaften[37] – die Neugier wäre ein weiterer Kandidat –, aber sie gehören zu den mächtigsten.

Trotz der dramatischen Unterschiede ihrer emotionalen Textur enthalten Staunen, Schrecken und Entsetzen sämtlich ein Moment der Fassungslosigkeit – es sind Leidenschaften, über die man sich ungläubig die Augen reibt: »Ich

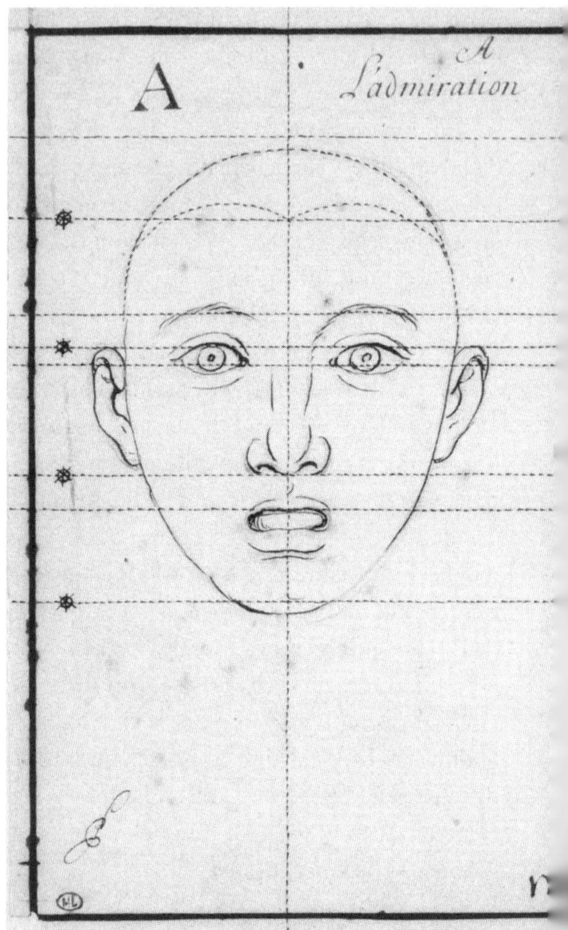
A
A
L'admiration

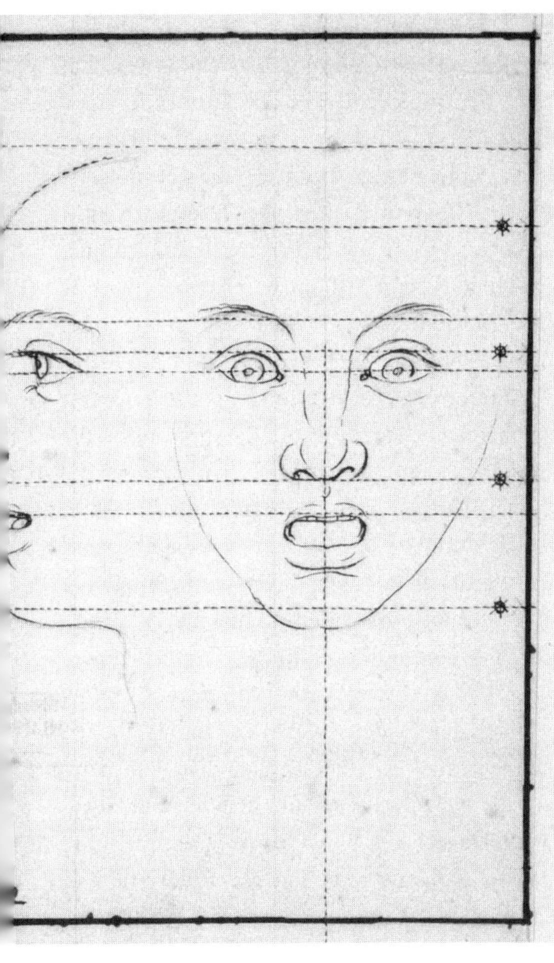

traue meinen Augen kaum.« Es sind, ähnlich wie die vertrauteren moralischen Leidenschaften – bei Ungerechtigkeit aufflammender Zorn etwa oder unstillbarer Schmerz bei einem Verlust –, jähe, heftige Zustände, die überfallartig über uns hereinbrechen. Der Literaturwissenschaftler Philip Fisher hat diese »vehementen Leidenschaften« brillant beschrieben, wie sie uns überschwemmen, alles ausblenden außer dem Objekt, das sie hervorrief, und das Selbst vorübergehend zum Monolithen zusammenschmelzen: »Anders als die Empfindungen, die Gemütsbewegungen oder die Gefühle lassen die Leidenschaften sich am besten mit dem Ausdruck ›durch und durch‹[38] beschreiben. Sie sind nicht einfach Teil einer Geistesverfassung oder einer Situation. Leidenschaftliche Zustände scheinen jede andere Form der Aufmerksamkeit oder der Daseinsverfassung zu verdrängen.«[39]

Auch den Leidenschaften des Unnatürlichen kennzeichnet jene Plötzlichkeit und Vehemenz, auf die Fisher aufmerksam macht. Aber sie gehen nicht so »durch und durch« in seinem Sinne, dass sie, solange sie andauern, »die Ironie und sämtliche Formen des doppelten Bewusstseins vertreiben«.[40] Zweifel (»Geschieht das wirklich?«) und gleichzeitig überstandenen Zweifel (»Es geschieht – entsetzlicherweise, schrecklicherweise, erstaunlicherweise – wirklich!«) in sich zu registrieren, ist ein sehr ausgeprägter Bewusstseinszustand, in dem zweierlei zugleich stattfindet und der wenig gemein hat mit dem halb ironischen Lächeln oder der kühl-distanzierten Überlegung des zweigeteilten Bewusstseinszustands der Selbstbeobachtung. Die ganze Vehemenz und Monomanie der Leidenschaften bleibt erhalten, und doch spaltet sich das Selbst in einen Zweifler und einen Glaubenden, die für kurze Zeit in ein und demselben Bewusstsein koexistieren. Und genau dieser zweigeteilte Bewusstseinszustand, so flüchtig er auch sein mag, macht die Leidenschaften des Unnatürlichen als kognitive kenntlich: Er signalisiert eine Ordnung, die im selben Moment gutgeheißen und zerstört wird. Der Zweifel ist stark, weil die Ordnung, die er letzten Endes aufrechterhält, so stark ist. Ungläubigkeit ist die linkische Verbeugung vor der Unordnung: Wie ist das möglich und welche Kraft ist so gewaltig, dass sie die Natur aus den Angeln hebt? Entsetzen, Schrecken und Staunen bestätigen, je nachdem welche der natürlichen Ordnungen verletzt wird, dass das Unmögliche tatsächlich eingetreten ist. Die Leidenschaften des Unnatürlichen bringen die Seele mit einem nahezu unerträglich dissonanten Akkord fast zum Zerreißen.

Die Leidenschaften des Unnatürlichen müssen von Leidenschaften unterschieden werden,

die einen Verstoß gegen die im eigentlichen Sinn moralische Ordnung registrieren, allen voran von Entrüstung und Empörung. Wie das in dem englischen Wort *outrage* (Empörung, vgl. Erzürnung) enthaltene Wort *rage* (Wut) signalisiert, sind beide Reaktionen im Grunde Formen des Zorns. Und Zorn ist sinnlos, wenn der Übeltäter

nicht ein Mensch ist, der dafür verantwortlich gemacht werden kann, dass er sich über Normen hinweggesetzt hat, die vom Rest der Gemeinschaft anerkannt werden. Richtet sich die Wut aber gegen einen nicht menschlichen Akteur – z. B. gegen einen Hirsch, der den Gemüsegarten verwüstet hat –, dann verwandelt die Wut dieses

Tier kurzzeitig in eine Person, der das Opfer bösartige Motive unterstellen kann. Die Empörung richtet sich jedoch selten gegen ein Wesen – ein Tier, ein Kleinkind, einen Verrückten, die Natur –, von dem man vernünftigerweise nicht erwarten kann, dass »es das besser wissen sollte«. Dem Himmel mit der Faust zu drohen oder die Elemente zu beschimpfen wie König Lear in Shakespeares Drama, heißt entweder, einer Gottheit oder dem Wetter rationale Handlungsfähigkeit und moralische Verantwortung zu unterstellen, oder zeugt von offensichtlichem Wahnsinn.

Der Zorn des Gärtners geht aber nicht so weit, dass er seinen Protest gegen den marodierenden Hirsch als Ersatz für einen stärkeren Zaun ansähe. Zurechnungsfähige Erwachsene, die gegen eine Norm verstoßen, können sich allerdings auf eine gehörige Portion Vorwürfe sowie auf Strafe gefasst machen. Empörung schweigt selten aus freien Stücken still: Sie ist eine Form des Zorns, der sich in Worten Luft verschaffen und nicht einfach nur in Taten entladen will. Wir konfrontieren den Schuldigen mit der Ungeheuerlichkeit seiner Übertretung und holen ihn oder sie dadurch in den sicheren Hafen gemeinsamer Werte und Verantwortung zurück. Sollte das Objekt der Empörung keine Reue zeigen – d. h. nicht durch Worte und Körperhaltung die legitimen

Ansprüche der verletzten Normen anerkennen –, hat es noch mehr Vorwürfe zu gewärtigen. Trotz all ihrem Getöse und all ihrer Wut geht es der Empörung letztlich darum, den Schuldigen wieder in die Gemeinschaft zu integrieren, indem sie lauthals deren Werte verkündet und das beschämte Bekenntnis zu ihnen einfordert.

Entsetzen, Schrecken und Staunen hingegen sind sprachlose Leidenschaften. Es besteht keine Versuchung, ein Monster zu beschimpfen oder mit einer Dürre herumzustreiten oder dem bloßen Zufall Vorwürfe zu machen. Erst wenn menschliches Verschulden in diesen natürlichen Störfällen erkennbar wird, erhalten die Leidenschaften des Unnatürlichen den Beigeschmack der Empörung. Erst wenn das Monster für die Ausgeburt einer sündigen Vereinigung gehalten wird, die Dürre für das Werk geldgieriger Landaufkäufer und die Entkopplung von Ursache und Wirkung für eine göttliche oder dämonische Intervention – erst dann kann die Empörung voll zum Zuge kommen. In diesen Fällen wird den Beeinträchtigungen der moralischen Ordnung eine Mitschuld an den Beeinträchtigungen der natürlichen Ordnung gegeben. Doch in extremen Fällen ist die Unterscheidung zwischen den Reaktionen ebenso unscharf wie die zwischen den Ordnungen. Entsetzen zum Beispiel kann durch menschliche Gräueltaten hervorgerufen werden, die so ungeheuerlich sind, dass wir das bloße Menschsein – d. h. die spezifische Natur – des Täters infrage stellen. Abscheuliche, absichtlich verübte Verbrechen können einen solchen Sturm der Empörung auslösen, dass es den Beobachtern die Sprache verschlägt – als würde das Böse bloß menschliche Grenzen übersteigen. In einigen Sprachen werden Handlungen, die fest etablierte Normen missachten, nicht nur als ›falsch‹, sondern auch als ›unbegreiflich‹ oder ›unglaublich‹ oder gar als ›unmöglich‹ bezeichnet. Das sind natürlich Übertreibungen: Die Verstöße waren offensichtlich nur allzu gut möglich. Doch diese Übertreibungen (und die emotionalen Reaktionen, durch die sie sich Ausdruck verschaffen) verweisen auf einen tief empfundenen Zusammenhang zwischen Verstößen gegen die natürlichen und die moralischen Ordnungen, die jeweils den Bereich des Möglichen oder des Richtigen abdecken.

Der Zweck, sich eingehend mit den charakteristischen Leidenschaften des Unnatürlichen zu befassen, ist ein doppelter. Erstens: Ihre Spezifität und Intensität lässt die Konturen der verschiedenen Arten natürlicher Ordnungen, die sie überprüfen, deutlicher hervortreten und zeigt zugleich, wie wichtig diese Ordnungen für die gelebte menschliche Erfahrung sind – so wichtig, dass wir besondere und ergreifende Reaktionen auf wahrgenommene Störungen entwickelt haben. Die bloße Existenz derartiger Leidenschaften beweist die nicht nachlassende und kritische Aufmerksamkeit des Menschen für die in der Natur beispielhaft aufgezeigten Ordnungen. Indem wir die Leidenschaften des Unnatürlichen und ihre wechselseitigen Beziehungen untersuchen, lernen wir etwas über Ordnung *per se*, sei sie moralisch oder natürlich. Die Verwandtschaft der Trias Entsetzen–Schrecken–Staunen verweist auf eine entsprechende Verwandtschaft zwischen unterschiedlichen Arten der Ordnung.

Zweitens: Die Leidenschaften des Unnatürlichen gewähren Einblick in die Herkunft grundlegender moralischer Intuitionen. Moralische Intuitionen können nicht die Arbeit der moralischen Reflexion leisten, und die Reflexion ergänzt oder verwirft zuweilen die Impulse, die von den Intuitionen ausgehen. Nicht alle unsere Intuitionen halten einer strengen Überprüfung stand, und es mag gute Gründe dafür geben, zumindest manche Einflüsterungen der Leidenschaften des Unnatürlichen zu überhören. Bevor sie aber akzeptiert oder abgelehnt werden können, müssen sie zunächst identifiziert und analysiert werden. Zudem ist es ohne irgendeine Art moralischer Intuition sehr schwierig, wenn nicht gar unmöglich, die Reflexion in Gang zu setzen und den Willen anzuspornen. Selbst Kant – ein Philosoph, der moralischen Empfindungen gegenüber sehr auf der Hut war – bemerkte, dass die Vernunft für sich allein womöglich zur objektiven Bestimmung des Willens ausreiche, es sei jedoch eine gewisse subjektive Neigung nötig, um die Menschen dazu zu bringen, so zu handeln, wie sie handeln sollten. »Nur in einem vollkommen guten und heiligen Willen würden Vernunft und Neigung übereinstimmen.«[41] Wesen wie wir – mit einem Fuß in der Welt der Sinne und mit dem anderen in der Welt der Vernunft – brauchen Intuitionen, um den Willen zu stimulieren oder ihm gar zu befehlen. Gerade weil unsere moralischen Intuitionen zwar notwendig sind, aber nicht ausreichen, um als Richtschnur des rechten Handelns zu dienen, ist ein gewisses Verständnis ihrer Herkunft und ihrer Fähigkeiten eine wesentliche Voraussetzung der Reflexion.

Es fällt auf, dass alle drei Leidenschaften des Unnatürlichen kognitive und normative Elemente in sich vereinen. Sie registrieren die Verletzung in einer natürlichen Ordnung und zugleich eine stark moralisch gefärbte Beurteilung der Störung. Doch wie können Normen aus irgendeiner natürlichen Ordnung abgeleitet werden?

VI. Ordnung und Normativität

Von allen Alpträumen, welche die kollektive menschliche Vorstellung heimsuchen, ist der vom Chaos der schrecklichste. Blutige, tyrannische und skrupellose Ordnungen haben ihre Spuren in der Geschichte der Menschheit hinterlassen, Ordnungen, die mit eisernem Würgegriff die Luft zum Atmen abdrosseln. Und viele Philosophen und Wissenschaftler hielten die Ordnung der Natur mit ihren unerbittlichen Abläufen für herzlos und gleichgültig gegenüber menschlichen Freuden und Sorgen. Ordnung als solche kann zum Alptraum werden. Aber die Schrecken einer exzessiven Ordnung verblassen neben denen, die aufkommen, wenn es überhaupt keine Ordnung gibt. Bürgerkrieg ist ein größeres Unglück als die grausamste Diktatur; ein gestaltloses und gesetzloses Universum ist der *ground zero* aller Kosmogonien, ganz gleich ob man sich auf eine Gottheit oder auf ein Naturgesetz als Schöpfer eines Kosmos, der diesen Namen verdient, beruft. Ein Land, in dem kein Versprechen gilt, in dem die Sonne am Morgen aufgeht oder auch nicht, in dem die Vergangenheit nicht den Weg in die Zukunft weist, ist ein Niemandsland.

Dieses alptraumhafte Gedankenexperiment vereint natürliche und menschliche Ordnungen auf eine Weise, die bedenklich stimmt: Ist das nicht einfach wieder ein Beispiel für einen naturalistischen Fehlschluss, der ›ist‹ und ›sollen‹ miteinander verwechselt? Kaum einer wird bezweifeln, dass sowohl das natürliche wie das gesellschaftliche Chaos, jedes auf seine Art, entsetzlich sind. Trotzdem werden viele nachdenkliche Leser Zweifel an der Gleichwertigkeit und erst recht an der Gleichsetzung der beiden Ordnungen haben, die vom Chaos zerstört werden. Es ist ein Axiom des modernen Denkens, dass Natur und Gesellschaft getrennte Bereiche sind. Der britische Zoologe Thomas Henry Huxley formulierte das 1893 in seiner Romanes-Lecture folgendermaßen: »Wir sollten uns ein für alle Mal klarmachen, dass der ethische Fortschritt einer Gesellschaft nicht davon abhängt, den kosmischen Prozess zu imitieren oder gar vor ihm davonzulaufen, sondern davon, ihn zu bekämpfen.«[42]

Ungeachtet der Überzeugungskraft und Vertrautheit dieser Einwände möchte ich die Frage nach den Normen aus der Natur wieder aufgreifen. Meine Argumentation dreht sich um die Unterscheidung zwischen dem Inhalt spezifischer Normen – z. B. von Normen, die Stehlen oder Lügen für unrecht halten und daher verbieten – und einem allgemeineren Anspruch, den die Philosophen ›Normativität‹[43] nennen: grob gesprochen, die Begründung, die jeder Norm und allen Normen insgesamt ihre Kraft verleiht. Es ist eine altbekannte Tatsache, dass sich die spezifischen Normen über Kulturen hinweg und im Laufe der Zeit dramatisch verändern. Das gilt auch für Normen, die sich auf die Natur berufen und das gesamte politische Spektrum durchlaufen, vom Rassismus im Apartheid-Stil bis zur Umweltschutzbewegung der Grünen. Doch ›Normativität‹ ist ein weitaus einheitlicheres und beständigeres Phänomen: Wir kennen keine vergangene oder gegenwärtige menschliche Kultur ohne irgendwelche Normen. Die kulturübergreifende Vielfalt der Normen, die oft als Beweis für die Relativität aller Normen angeführt wird, könnte ebenso gut als Beweis für die Universalität der Normativität dienen. Eine Kultur ohne Normen ist wie eine Natur ohne Regelmäßigkeiten, nämlich ein Widerspruch in sich. Inseln der Anarchie und Beliebigkeit sind von totalem Chaos himmelweit entfernt.

›Normativität‹ ist eine jener aufgeblähten Abstraktionen, die den Kopf leer und die Augen glasig werden lassen. Was Normativität bedeutet, ist jedoch ganz einfach: Normativität ist die

Qualität, die uns sagt, was sein *sollte*, im Gegensatz zur Beschreibung der Dinge, wie sie tatsächlich sind. Es gibt viele Wohnungen im Haus des ›Sollens‹, z. B. wie wir handeln sollten, was wir wissen sollten und was wir bewundern sollten – auch bekannt als das Gute, das Wahre und das Schöne. Was all diesem ›Sollen‹ gemeinsam ist, ist eine gewisse wehmütige, kontrafaktische Gestimmtheit, eine Art Sehnsucht im Konjunktiv: »Wenn die Dinge nur so wären, wie sie sein sollten!« Normativität ist das Dach über dem Haus des ›Sollens‹, die Qualität, die uns verstandesmäßig erlaubt, zu erkennen, dass es eine Kluft gibt zwischen dem Stand der Dinge, wie er tatsächlich ist, und dem, wie er sein sollte, und und erlaubt, darüber hinaus noch Bedauern angesichts dieser Unstimmigkeit zu empfinden.

Die Intensität dieses Bedauerns kann von gelind bis heftig reichen, vom inneren Seufzer über ungehobeltes Betragen bis zum Wutausbruch bei Ungerechtigkeit. Was genau derartige Reaktionen auslöst, ist so unterschiedlich wie die menschliche Kultur und Geschichte. In manchen Kulturen war Sklaverei eine Selbstverständlichkeit, aber der Anblick des entblößten Knöchels einer Frau schockierte; in anderen Kulturen war die Gleichheit vor dem Gesetz geheiligt, aber extreme wirtschaftliche Ungleichheit wurde ohne Murren hingenommen. Wenn

Kulturen aufeinanderprallen können solche Divergenzen bei bestimmten Normen auf beiden Seiten die Wellen der Empörung hochschlagen lassen. Aber Menschen, die sich nie über *irgendetwas* entrüsten oder empören, sind kaum vorstellbar. Selbst in Romanen tun die Leser Bösewichte, die sich keinem ›Sollen‹ beugen, als Pappkameraden ab – vielleicht unterhaltsam, aber unwirklich. Das Ausloten der Quellen der Normativität – was verleiht irgendwelchen und allen Normen Autorität über unser Urteil, wenn auch nicht immer über unser Verhalten – stellt ein sehr tiefes, womöglich unergründliches philosophisches Problem dar. Für meine Zwecke genügt es, einfach die empirische Tatsache zur Kenntnis zu nehmen, dass Menschsein unter anderem bedeutet, Normen anzuerkennen, die Macht des ›Sollens‹ zu verstehen und einen Stich des Bedauerns zu empfinden angesichts des Abstands zwischen dem, was ist, und dem, was sein sollte.

Nicht alle kulturellen Normen lassen sich – nach dem Modell einer idealisierten Lehrbuchversion des römischen Rechts – als kohärentes System darstellen. Im Gegenteil, die meisten Normen entwickeln sich langsam, unter spezifischen historischen Umständen und wachsen wie die Schichten verschütteter Gegenstände in einer archäologischen Fundstätte, anstatt sich zu einem organischen Ganzen zu verbinden. Manche Normen leiten sich womöglich von uralten Bräuchen ab; andere wurden vielleicht mit neuen Religionen eingeführt; und wieder andere sind das Ergebnis gemeinsamer Überlegungen und Debatten. Über Generationen und Jahrhunderte hinweg verfeinern selbst die traditionellsten Gesellschaften alte Normen und führen neue ein. Auch wenn dabei eklatante Widersprüche ausgemerzt werden, ist es höchst unwahrscheinlich, dass bei einem derartigen Prozess eine ›ordentliche‹ Ordnung herauskommt. Und wenn sich unter den Normen ausnahmsweise doch eine Ordnung herauskristallisiert, ist dies den Systematisierungsbemühungen von Gesetzgebern, Theologen, Juristen und Philosophen zu verdanken und nicht irgendeiner Intervention von Seiten der Natur. Warum sich also auf Ordnung, geschweige denn auf natürliche Ordnung berufen?

Dies ist eine plausible Darstellung der Entwicklung spezifischer Normen, sie vernachlässigt aber die Vorbedingungen von Normen im Allgemeinen. Keine Norm kann sich ohne einen Ordnungshintergrund etablieren. Bereits die Idee einer Norm impliziert eine gewisse Folgerichtigkeit und Allgemeinheit, wenn auch nicht unbedingt vollständige Uniformität und Universalität. Normen sind keine *ad hoc*-Regeln und nicht auf einen bestimmten Anlass zugeschnitten, obwohl es durchaus einiger Überlegung und Erfindungsgabe bedarf, um sie auf die vielen besonderen Umstände anzuwenden, die eintreten könnten, wie Richter nur zu gut wissen, die früheres Recht und Präzedenzfälle auf gegenwärtige Fälle hin auslegen müssen. Aus nahezu denselben Gründen, aus denen es keine rein private Sprache geben kann, kann es auch keine rein privaten Normen geben: Normen implizieren eine Gemeinschaft, die so eng wie ›Bewohner eines einzigen Dorfes‹ oder so weit wie ›alle vernünftigen Lebewesen‹ gefasst, aber nie auf ein einzelnes Individuum reduziert werden kann. Darüber hinaus implizieren Normen einen zeitlichen Horizont, der sich zumindest ein Stück weit in die Vergangenheit und, wichtiger noch, in die Zukunft erstreckt. Wie weit in die Vergangenheit und in die Zukunft, hängt von der Reichweite des gemeinsamen Gedächtnisses und der gemeinsamen Erwartungen ab, die beide durch Technologien, die von der Schrift bis zur Lebensversicherung reichen, erweitert werden können. Doch keine Norm kann punktgenau auf die Gegenwart begrenzt werden und eine echte Norm bleiben. Es muss genügend Ordnung existieren, um zu gewährleisten, dass Normen, die für meinesgleichen gelten (wen immer man darunter versteht), auch für mich gelten und dass die heutige Norm auch morgen noch gilt.

Alles schön und gut, werden Sie vielleicht sagen, aber was hat die bloße Existenz irgendwelcher Normen mit Ordnung, geschweige denn mit Natur zu tun? Die Antwort lautet: Wenn nicht minimale Bedingungen einer Ordnung erfüllt sind, zerrinnt die Idee der Normativität – nicht nur die eine oder andere spezifische Norm, sondern jede denkbare Norm. Kehren wir für einen Augenblick zum Chaos-Alptraum zurück. In einer Situation, die so unbeständig und ungewiss ist, dass das gestrige Geschehen keine Orientierungshilfe mehr für den heutigen Tag ist und der heutige Tag keine Orientierungshilfe mehr für den morgigen Tag, lassen sich weder Versprechen noch Vorhersagen begründen. Der Weg, auf dem ich gestern völlig unbekümmert ging, ist heute ein Spießrutenlauf; der Nachbar, der jetzt mein Freund ist, kann jederzeit mein Feind werden und gleich darauf wieder mein Freund; die für den Ernteertrag entscheidenden saisonalen Regenfälle können eintreffen oder auch nicht. Auf niemanden und nichts ist Verlass.

Sie merken, diese Anarchie ist extremer als ein Hobbes'scher Naturzustand: Selbst im Krieg aller gegen alle macht das Eigeninteresse die Gegner berechenbar. Strategiespiele gehen sogar bei unerbittlichen Feinden von einer Rationalität der Selbsterhaltung aus. Doch selbst diese auf egoistischer Berechnung basierende minimale Ordnung verschwindet im echten Chaos. Unter solchen Verhältnissen völliger Ungewissheit erodieren sogar die krudesten Normen von Gegenseitigkeit und Rache, denn das ›Eine-Hand-wäscht-die-andere‹ und ›Wie-du-mir-so-ich-dir‹ gehen von zeitlicher Ausdehnung aus, von einer Zukunft, in die man Absichten sinnvollerweise extrapolieren kann. Das mahnende ›Du solltest‹ geht davon aus, dass das Futurum ›Du wirst‹ irgendeinen Sinn hat. Die Normativität selbst hat ohne irgendeine Art Ordnung keinerlei Zugkraft.

Der Zusammenhang zwischen Normativität und Ordnung reicht aber noch tiefer. Nicht nur stellt eine gewisse minimale Ordnung die praktische Voraussetzung für jede Art Norm dar; Normativität selbst setzt eine ideale Ordnung voraus. Es bedarf einer erheblichen Anstrengung der Reflexion, um solche idealen Ordnungen klar und deutlich zum Ausdruck zu bringen. Von Hesiod über das *Gesetzbuch des Manu* bis hin zur *Charta der Vereinten Nationen* und John Rawls werden in großen Werken der Literatur, Theologie und Philosophie Ordnungen zu dem Zweck ersonnen, dass spezielle Normen wie Nachbarschaftlichkeit, Gerechtigkeit, Ehrfurcht vor den Eltern und Menschenwürde darin ihren Platz finden. Diese Ordnungen sind selten streng systematisch. Sie gleichen weniger mathematischen Beweisen als Architekturen, in denen verschiedene Elemente strukturell und stilistisch zu einem harmonischen, aber kontingenten Ganzen zusammengefügt werden, seien es gotische Kathedralen oder hochmoderne Wolkenkratzer. Doch Ordnungen von Normen sind so weit entfernt von beliebigen Aufzählungen wie von Euklids *Elementen*. Wenn wir tatsächlich Normen in Form von Aufzählungen begegnen, wie im Fall der Vorschriften und Verbote der Pythagoreer, die nur als Textfragmente erhalten sind, bereitet uns das Kopfzerbrechen und wir versuchen sofort, das fehlende Bindegewebe zu rekonstruieren, um diesem Sammelsurium einen Anschein von Ordnung zu geben – was könnten Anweisungen wie »Enthalte dich der Bohnen« und »Gehe nicht über ein Joch hinweg« miteinander zu tun haben?[44] Normativität setzt – praktisch wie theoretisch – Ordnung voraus.

Aber, so fragen Sie beharrlich weiter, was hat das mit der Natur zu tun? Auch wenn die Normativität einer Art Ordnung bedarf, entwickeln menschliche Gesellschaften denn nicht Ordnungen in Hülle und Fülle, spontan, einfallsreich, unermüdlich? Warum so tun, als wären menschliche Normen ein Spiegel der Natur? Vielleicht gehört dieses schöpferische Verlangen nach Ordnungen, in denen man leben kann, zur Natur des Menschen, so wie wir eine Spezies sind, die sich Häuser baut, um darin zu wohnen, doch warum ist die großgeschriebene Natur von Bedeutung? Warum sollten von Menschen gemachte Ordnungen durch die Verknüpfung mit der Natur auch nur ein Quäntchen mehr Autorität oder Klarheit erhalten? Sind dies nicht einfach nur die Überreste einer religiösen Argumentation, die die Natur als Schöpfung Gottes und als seine Stellvertreterin sieht, sodass es sich bei der angeblichen Autorität der Ordnung der Natur lediglich um einen Ableger der göttlichen Autorität handelt?

Diese Einwände und Verdachtsmomente sind nicht unbegründet. Es ist in der Tat fraglich, weshalb eine mutmaßliche Parallelität natürlicher und moralischer Ordnungen etwas anderes bewirken sollte als eine Vervielfachung der Entitäten: Warum reicht nicht eine einzige Ordnung, die von und für Menschen geschaffene menschliche Ordnung? Die Berufung auf die natürliche Ordnung ist zumindest verständlicher und philosophisch sogar vertretbarer, wenn die Natur selbst als göttlich oder als göttliche Schöpfung und somit als Spiegel des göttlichen Willens verstanden wird. Diese Vorstellung findet sich in vielen religiösen Traditionen und nicht nur in den monotheistisch-abrahamitischen Religionen Judentum, Christentum und Islam, die alle eine Schöpfungsgeschichte annehmen.[45] Aristoteles zum Beispiel glaubte an die Ewigkeit der ungewordenen und unvergänglichen Welt. Doch sogar er räumte ein, dass »sowohl Barbaren als auch Hellenen, die überhaupt nur an Götter glauben«, dachten, dass etwas Göttliches am Himmel sei, an dem vollkommenen, unwandelbaren Reich der Sterne jenseits der Umlaufbahn des Mondes – dass »das Unsterbliche (die Götter) mit dem Unsterblichen (dem Himmel) verbunden« sei.[46] Aber dies alles richtet sich an den Glauben, nicht an die Beweisführung. Die Skeptiker haben recht, wenn sie auf einer menschlichen Rechtfertigung – oder wenigstens auf einer Erklärung – der menschlichen Praktiken bestehen.

Diese Erklärung liegt in einer ebenfalls menschlichen Eigenschaft: in dem unbändigen Drang zum Abbilden, das Unsichtbare sichtbar zu machen, immaterielle Ideen konkret und berührbar werden zu lassen. Der Philosoph Ian Hacking macht diese Eigenschaft zur Grundlage einer philosophischen Anthropologie: »*Der Mensch ist ein Abbildender.* Nicht *Homo faber*, nein, *Homo depictor*. Menschen stellen Abbilder her.«[47] Geometrische Diagramme zeichnen, malen und bildhauern, Modelle des Kosmos entwerfen, sich Allegorien für Abstraktionen ausdenken, Symbole und Bilder aller Art herstellen – all dies ist Ausdruck jenes fruchtbaren Hangs zur bildlichen Darstellung. Ich schließe mich Ian Hackings Einsicht an (die er im Kontext von Diskussionen über den wissenschaftlichen Realismus vorgetragen hat) und möchte sie ausdehnen auf die seltsame überbordende Vielfalt der scheinbar überflüssigen Analogien zwischen natürlichen und moralischen Ordnungen. Es ist eine empirische Tatsache, dass Menschen natürliche Ordnungen dazu benutzen, moralische Ordnungen bildlich darzustellen. Sie tun dies sogar, wenn die natürliche Ordnung nicht mehr oder weniger Autorität besitzt als die moralische Ordnung, deren Vorbild sie angeblich ist; sie tun es, obwohl sich andere Vorbilder finden ließen – in der Kunst, in der Mathematik, in der Technik. Warum?

VII. Die Fülle der Ordnungen

Die Natur besitzt zumindest zwei Vorzüge gegenüber allen anderen Modellkandidaten. Erstens: Es gibt sie überall, und sie ist immer sichtbar, verfügbar und vertraut. Es bedarf keiner kreativen Anstrengung, um sich diese Modelle auszudenken, obwohl große Erfindungsgabe nötig ist, um überzeugende Analogien herzustellen, wie die zwischen Bienenstöcken und Monarchien oder die zwischen dem Lauf der Sonne entlang der Ekliptik und der Gerechtigkeit der Gerichte. Ein brauchbares Modell muss wie ein Ding sein: ein Gegenstand, über den man öffentlich wie privat nachdenken kann, der den Sinnen und dem Intellekt gleichermaßen zugänglich ist und so scharfkantig und kompakt, dass man sich die Zehen daran stoßen kann. Während sich gesellschaftliche Ordnungen notorisch schwer lokalisieren lassen (»Wo ist denn die Gesellschaft?«, fragte bekanntlich die britische Premierministerin Margaret Thatcher) und die Details ihrer Funktionsweisen schwierig zu untersuchen sind (all das obskure Gerede über die »unsichtbare Hand« und das »kollek-

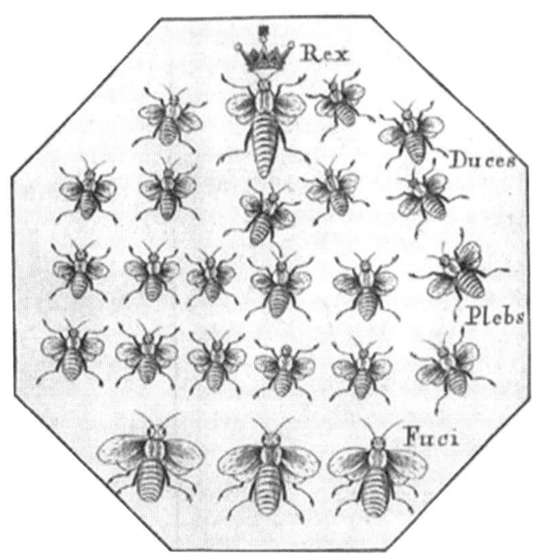

tive Bewusstsein«), sind die natürlichen Ordnungen, die als Modelle dienen, so wenig zu übersehen wie Felsbrocken – allerdings oft genauso undurchsichtig, was ihre Ursachen und Zusammensetzung angeht. Jahrhundertelang galten Bienenstöcke und Ameisenhügel als Modelle menschlicher Gesellschaften; in jüngerer Zeit haben sich Ökonomen der Hydraulik bedient, um Angebot und Nachfrage des Marktes darzustellen.

Zweitens – und wichtiger noch: Die Natur ist die Vorratskammer aller Ordnungen. Ob sie diese Ordnungen auch anregt, bleibt offen, jedenfalls verfügt sie über einen solchen Reichtum an Möglichkeiten, dass sie bisher die menschliche Erfindungsgabe in den Schatten stellt. Schließlich sind wir nur eine Spezies unter Millionen, und was die schiere barocke Vielfalt angeht, lässt die Naturgeschichte die Kulturanthropologie armselig aussehen. Und dann ist da noch die gesamte anorganische Natur, von den Umlaufbahnen der Planeten bis zur Symmetrie der Eiskristalle. Die Natur breitet so viele Arten der Ordnung vor uns aus, dass sie eine verlockende Ressource darstellt, um daraus jede einzelne der von Menschen erdachten Ordnungen abzuleiten. Eine Ressource kann zur Versuchung werden, wenn die Natur mit übermenschlicher Autorität ausgestattet wird und entweder als göttliche Verfügung oder als erhabenes Vorbild betrachtet wird – größer, grandioser, unendlich viel mächtiger und imponierender als irgendetwas Menschliches. In solchen Fällen fungiert die Natur sowohl als Rechtfertigung wie als einfache Repräsentation.

Nichts davon macht die Verdoppelung moralischer Ordnungen durch natürliche Ordnungen unumgänglich. Dampfmaschinen, Schalttafeln und andere Gerätschaften des Menschen, nicht nur die Körperzellen und das Sonnensystem haben irgendwann einmal alle als Modelle für moralische Ordnungen gedient. Wir haben gesehen, dass im 17. Jahrhundert für Naturphilosophen wie Robert Boyle das Uhrwerk schlechthin das Modell der Natur selbst war. Außerdem gewinnt eine moralische Ordnung nicht zwangsläufig an Autorität, wenn sie sich auf das Vorbild einer natürlichen Ordnung berufen kann. Auch kennen nicht alle Traditionen die strenge ontologische Unterscheidung zwischen natürlichem und moralischem Bereich. Der Ethnologe Philippe Descola weist darauf hin, dass die von ihm so bezeichneten »naturalistischen« westlichen Gesellschaften historisch und kulturell insofern ungewöhnlich sind, als sie auf solch einer kategorischen (und total asymmetrischen) Unterscheidung zwischen menschlichen und nicht menschlichen Aspekten des Universums beharren; andere Traditionen verknüpfen die Elemente natürlicher und moralischer Ordnungen auf eine Weise, die Vertreter des Naturalismus (im Sinne Descolas) nur als »anthropomorph« oder »projizierend« beschreiben können.[48]

Schon der Vorwurf des Anthropomorphismus impliziert gewissermaßen ein Bekenntnis zum Anthropozentrismus: Nur aus einer ganz eingeschränkten menschlichen Perspektive ist es sinnvoll, alles, was existiert, so aufzuteilen, dass sich unsere Spezies auf der einen Seite befindet und alles andere, von den Mikroben bis zu den Pulsaren, auf der anderen. (Man stelle sich eine derartige Aufteilung aus Sicht einer anderen Spezies – etwa der von Waschbären – vor, und die Absonderlichkeit eines zwischen Waschbären und Nicht-Waschbären aufgeteilten Universums wird in ihrer Absurdität offensichtlich.) Und erst dann, nachdem eine derartige Aufteilung postuliert wurde, ist es möglich, die anthropomorphen Projektionen aus der winzigen Menschenprovinz auf die Unermesslichkeit des Universums zu identifizieren – und für unzulässig oder kindisch zu erklären. Andere Kulturen, selbst diejenigen griechisch-römischer Herkunft, haben die Welt anders aufgeteilt. Als zum Beispiel der griechische Philosoph Heraklit das Maß der Sonne und das der Gerechtigkeit in einem Atemzug nannte, hat er wohl nicht metaphorisch gesprochen: »(Denn) Helios wird seine Maße nicht überschreiten; sonst werden ihn die Erinnyen, der Dike Schergen, ausfindig machen.«[49] Das Maß der Sonne und das Maß der menschlichen Gerechtigkeit gehörten demselben Bereich an.

Außerdem gestehen Kulturen, die tatsächlich eine klare Trennungslinie zwischen Natürlichem und Menschlichem ziehen, der Natur nicht immer größere Majestät oder Würde zu. Im Europa der frühen Neuzeit zum Beispiel gab man der menschlichen »Zivilisation« stets den Vorzug vor der »wilden« Natur. Man glaubte, der Mensch verbessere und vervollkommne durch seine Arbeit die Natur und gepflegte Gärten seien selbstverständlich der Wildnis vorzuziehen, wie ja auch durch menschliche Kunst veredelte Rohmaterialien wertvoller waren – das aus Erz gewonnene Kupfer etwa oder das aus Flachs gewebte Leinen. Land zu kultivieren (oder es unbewirtschaftet zu lassen), konnte, dem Philosophen John Locke zufolge, ein Grund für die Gewährung oder Aufhebung von Eigentumsrechten sein: »*Soviel Land* ein Mensch beackert, bepflanzt, bebaut, kultiviert und die Erzeugnisse gebrauchen kann, soviel ist sein *Eigentum*.«[50] Die menschliche Natur selbst wurde mit einem Garten und die Kultivierung der Seele mit derjenigen der Erde verglichen. Erziehung sei als Analogie zum Gießen und Jäten zu verstehen, schrieb der Staatsmann und Naturphilosoph Francis Bacon: »Der Charakter [nature] des Menschen wächst sich entweder zur Nutzpflanze oder zum Unkraut aus, deswegen muss man ihn hier rechtzeitig gießen, dort jedoch ausrotten.«[51] Es galt, auf der Hut zu sein, um nicht aus einem zivilisierten in einen natürlichen Zustand zurückzufallen. Im späten 17. Jahrhundert nahm ein englischer Betrachter das deutsche Wort *Handschuh* als Beweis dafür, dass die Deutschen erst kürzlich aufgehört hätten, wie Tiere auf allen vieren zu laufen.[52]

Selbst Kulturen, die nicht kategorisch zwischen Natürlichem und Menschlichem unterscheiden – oder, falls doch, glauben, die Natur schneide bei dieser Unterscheidung schlechter ab –, verwenden Aspekte der natürlichen Ordnung, um sich die moralische Ordnung bildlich vorzustellen. Andere Intelligenzen mit anderen Körpern und Sinnen oder gar ohne Körper brauchen sich womöglich gar nichts bildlich vorzustellen. Für Marsbewohner und Engel ist Ordnung vielleicht ganz einfach da und bedarf keiner Repräsentation. Doch für unsere Spezies, für unser Sensorium müssen Ordnungen im wörtlichen wie im übertragenen Sinn begreifbar und vorstellbar sein. Natur ist reichlich vorhanden, üppig und vielfältig und in jedem nur denkbaren Sinn des Wortes geordnet. Daher ist es nicht so verwunderlich, dass man der Natur Vorbilder für Ordnungen aller Art abgewinnt. Der Impuls des Menschen, der Natur Sinn zu verleihen, ist in einer doppelten Einsicht über die Ordnung verwurzelt: Normativität erfordert Ordnung; und die Natur liefert Musterbeispiele aller denkbaren Ordnungen.

Aber die natürliche Ordnung allein kann nicht vorschreiben, welche spezifischen Normen zu befolgen sind, schon deshalb nicht, weil es in der Natur so viele Ordnungen gibt. Was die Vielfalt angeht, ist die Natur ebenso produktiv wie die Kultur. Die Hoffnung, die der Natur entnommenen Normen seien durch ihre Ähnlichkeit untereinander überzeugender als die von der Kunst frei erfundenen, ist daher illusorisch. Mit anderen Worten: Die Strategie, mit Naturalisierung den Relativismus zu bekämpfen, ist zum Scheitern verurteilt. Bestimmte menschliche Werte als ›natürlich‹ zu verherrlichen – sei es in einem liberalen Anliegen wie dem der Menschenrechte oder in einem konservativen wie dem des Sozialdarwinismus –, verleiht ihnen nicht ein Jota mehr Gewissheit oder Notwendigkeit. Die Gegner können immer erwidern: »Welche Natur ist denn gemeint?«, und mit Beispielen einer anderen, ebenso natürlichen Ordnung kontern, um die entgegengesetzte Position zu unterstützen.

Gerade die Vielfalt der natürlichen Ordnungen zeigt aber, weshalb wir nicht ohne natürliche Ordnungen auskommen, wenn wir moralische Ordnungen konzipieren. Die Natur ist die Vorratskammer aller vorstellbaren Ordnungen. Deshalb gibt es so verwirrend viele Definitionen des Wortes ›Natur‹. Es gibt die spezifischen Naturen (die Natur der Ahornbäume, die Natur der Salamander, die Natur der Salzkristalle), die lokalen Naturen (die Tropen und die Tundra, die üppigen Täler und die kahlen Berggipfel) und die universellen Naturen (Feuer brennt überall; null Grad Kelvin ist auch in der entlegensten Galaxie der absolute Nullpunkt) – um nur drei der vielen möglichen natürlichen Ordnungen zu nennen. Es ist sozusagen die Natur des Wortes ›Natur‹, vieldeutig zu sein. Daher ist es mehr als wahrscheinlich, dass Normen, die sich aus einer bestimmten Bedeutung von Natur herleiten, in Konkurrenz, wenn nicht gar im Widerspruch zu anderen ebenfalls aus der Natur abgeleiteten Normen stehen. Genau diese überbordende Vielfalt von Normen aus der Natur ließ Kritiker wie Mill verzweifelt die Hände über dem Kopf zusammenschlagen: Die Natur werde niemals mit einer Stimme sprechen, warum also auf sie hören?

Die Polyfonie der Natur ist jedoch der entscheidende Punkt: Es ist schwierig – vielleicht unmöglich –, sich eine Ordnung vorzustellen, die nicht handgreiflich und prächtig im Schaukasten der Natur zu finden wäre. Die Natur ist ein herrliches Paradox, die unordentliche Wunderkammer aller möglichen Ordnungen. Die Wunderkammern der Renaissance, Vorfahren der modernen Museen, inszenierten mit ihren vom Boden bis zur Decke reichenden Vitrinen die Fruchtbarkeit und Überfülle der Natur in einem Nebeneinander von Fliegen in Bernstein und ausgestopften Krokodilen, zweiköpfigen Katzen und gestreiften Tulpen, Magneten und versteinertem Holz, um den Betrachter mit dem grandiosen Mischmasch zu überwältigen.[53] Die

Wunderkammern gaben zwar grundsätzlich dem Seltenen und Einzigartigen den Vorzug vor dem Gewöhnlichen, doch auch die alltägliche Natur sprudelt über von Vielfalt; die Überraschungen der Ethnografie (Stell dir vor, so zu denken!) verblassen neben denen der Naturgeschichte (Stell dir vor, so etwas zu *sein*!). Alle menschlichen Träume von Ordnung – die revolutionären oder reaktionären, die lokalen oder globalen – sind letztlich in der Wunderkammer der möglichen Ordnungen der Natur abgebildet und verlockend lebendig. Die verschwenderische Üppigkeit der Natur weicht jedoch in einer entscheidenden Hinsicht von der der Wunderkammer ab: Selbst in ihren kompliziertesten und unwahrscheinlichsten Formen weist die Natur eine Art Ordnung auf. Die Wunderkammer wollte verblüffen, indem sie alle Erwartungen übertraf; die Natur hingegen ist der Quell aller Erwartung. Und ohne wohlbegründete Erwartung zerfällt die Welt der Ursachen und Versprechungen. Wie die Natur braucht Normativität keine spezifische Ordnung, doch *etwas* Ordnung braucht sie.

RITRATT
FERRA

VSEO DI
ERATO

VIII. Fazit: Die Rettung der Phänomene

Diese menschlich rationalen Neigungen haben etwas zu tun mit der Art Organismus, der wir nun einmal sind. Wir sind mit Sinnen ausgestattet, die die Oberfläche der Dinge vermitteln. Auch wenn wir dank unserer intellektuellen Neugier und technologischen Erfindungsgabe Anatomie und Geometrie, das Mikroskop, Röntgenstrahlen und andere Methoden haben, um unter die Oberflächen zu blicken, besteht unsere Weise, die Eingeweide der Welt zu erforschen, darin, sie in immer mehr Oberflächen zu verwandeln. Würden uns durch ein Wunder die *noumena* offenbart, die Dinge an sich, könnten wir sie nur als Phänomene, als Erscheinungen, begreifen. Die Eigentümlichkeiten unseres Sensoriums haben glücklicherweise die philosophische und wissenschaftliche Erforschung von Bereichen nicht aufgehalten, die wie Elementarteilchen, weit entfernte Sterne oder Gehirnströme den Sinnen normalerweise unzugänglich sind. Doch selbst diese Untersuchungen ließen eine starke Tendenz erkennen, Information – inzwischen viel davon in digitaler Form – in Er-

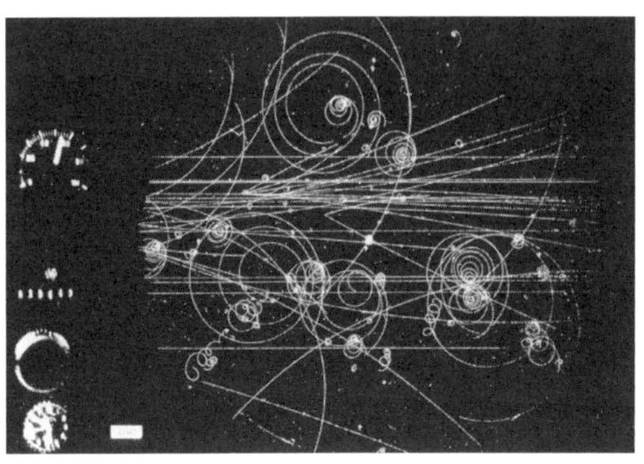

scheinungen umzuwandeln, vor allem in Bilder: von Radioteleskopen, Blasenkammern, Magnetresonanz-Scans bis hin zu unzähligen anderen Geräten, die erfunden wurden, um in Bereiche einzudringen, die für die Sinne nicht erreichbar sind. Als Platon in der *Politeia* versuchte, seinen Lesern ihre Sucht nach Erscheinungen abzugewöhnen, konnte er, um seinen Standpunkt zu verdeutlichen, nur einen Mythos über noch mehr Erscheinungen erfinden: die sinnlich wahrnehmbaren, wenngleich verborgenen Gegenstände draußen im Tageslicht, die die Schatten in die Höhle warfen. Für Wesen wie uns ist bis ins Letzte alles Erscheinung.[54]

Wir geben uns nicht damit zufrieden, Erscheinungen wahrzunehmen; wir möchten sie auch herstellen. Um für uns ganz wirklich zu sein, muss ein Ding in Erscheinung treten, und dieser Imperativ gilt sowohl für die sehr realen, von Menschen erdachten moralischen Ordnungen wie für die von Menschen gemalten, gebauten, geformten und geschmiedeten Artefakte. Wie kann man eine moralische Ordnung in Erscheinung treten lassen? Im Prinzip genügt dafür jede Oberfläche, ob natürlich oder künstlich, und es gibt Beispiele für beide Arten von Modellen: die ideale Gesellschaft als Bienenstock oder als Uhrwerk. In der Praxis jedoch überwiegen in unserer Erfahrung die natürlichen Oberflächen durch ihre bloße Vielfalt und Unvermeidbarkeit. Die Oberflächen, die die Natur dem Auge in so reichem Maß und ohne Unterlass präsentiert, sind auch geordnet und zwar einleuchtender, zuverlässiger und nachhaltiger als die meisten Artefakte. In Bezug auf das, was eine Ordnung sein kann, sind es immer noch die natürlichen Erscheinungen der Alltagserfahrung, die einige unserer robustesten Intuitionen prägen, und nicht die von Elektronenmikroskopen oder Zyklotronen offenbarten natürlichen Abgründe. Und es gibt keine Moral, die nicht eine Ordnung heraufbeschwört, ein Bollwerk gegen das Chaos. Deshalb liefern natürliche Phänomene (›Erscheinungen‹ im ursprünglichen Sinn des Wortes) die nächstliegenden materiellen Analogien, wenn Menschen versuchen, moralische Ordnungen zu realisieren. Dies ist die tiefe anthropologische Wahrheit von Mythen der Inkarnation, des fleischgewordenen Wortes.

Das führt uns zurück zu unserem Ausgangspunkt, zu Kants abwertenden Bemerkungen über die Grenzen unserer Fähigkeit, uns vernünftige Wesen vorzustellen, die nichts Menschliches haben. Seine ironischen Äußerungen über unseren diesbezüglichen Provinzialismus erinnern an die spöttischen Bemerkungen von Xenophanes aus Kolophon (ca. 570–475 v. Chr.), der sich über den Provinzialismus der Religion lustig machte: »Die Äthiopier behaupten, ihre Götter seien stumpfnäsig und schwarz, / die Thraker, blauäugig und blond. […] Wenn aber die Rinder und Pferde und Löwen Hände hätten / und mit diesen Händen malen könnten und Bildwerke schaffen wie Menschen, / so würden die Pferde die Götter abbilden und malen in der Gestalt von Pferden, /die Rinder in der von Rindern, und sie würden solche Statuen meißeln, / ihrer Körpergestalt entsprechend.«[55] Skeptiker zitieren solche Stellen, um ihrem Standpunkt Nachdruck zu verleihen: Auch wenn wir uns zur Begründung aller möglichen Normen auf die natürliche Ordnung berufen und dies womöglich ein nicht wegzudenkender Aspekt der Art Lebewesen ist, die wir sind, also ein genuines Merkmal der Anthropologie unserer Spezies im philosophischen Sinn, ist das nicht trotzdem bedauerlich? Wird unsere Berufung auf die natürliche Ordnung zur Begründung von Normen auch nur einen Deut weniger irrational, wenn sie universell ist? Ich möchte den Skeptikern, die immer noch darauf beharren, dass der naturalistische Fehlschluss diese Bezeichnung verdient, drei abschließende Antworten unterbreiten.

1. Naturalisierung ist in Wirklichkeit eine schwächere Strategie als ihre Kritiker befürchten: Es gibt natürliche Ordnungen in Hülle und Fülle, um irgendeine oder alle Normen zu begründen (oder zu entwerten).

Wenn sich die Verwendung dieser oder jener natürlichen Ordnung zur Rechtfertigung bestimmter Normen dahingehend verschiebt, dass irgendeine natürliche Ordnung zur Rechtfertigung irgendwelcher Normen verwendet wird, ist das politische Ärgernis der spezifischen, von den Philosophen beanstandeten Fälle des naturalistischen Fehlschlusses weitgehend entschärft. Sobald man realisiert, dass es nicht eine einzige und alleinige Ordnung der Natur gibt, in der Normen gründen, nimmt die Wirkung jeder derartigen Begründung dramatisch ab. Für jedes Beispiel aus der Naturgeschichte, das ich mir zur Unterstützung meiner Lieblingsnormen einfallen lasse, können Sie zur Unterstützung ganz anderer Normen mit einer Fülle anderer Naturanalogien aufwarten: Matriarchat der Bienen versus Patriarchat der Paviane. Die Natur ist in einer politischen Debatte keine wirksame Waffe mehr, da alle beteiligten Parteien sie handhaben können.

2. *Bei der Berufung auf die Natur geht es grundsätzlich um den Zusammenhang zwischen natürlicher Ordnung und Normativität per se und nicht um den Zusammenhang zwischen einer bestimmten natürlichen Ordnung und einer bestimmten Reihe von Normen.*

Damit komme ich zu meiner zweiten Antwort: Bei der Entscheidung, sich zur Begründung von Visionen moralischer Ordnung auf die Natur zu berufen, geht es grundsätzlich um den Zusammenhang zwischen Ordnung und Normativität *per se*, nicht um den Zusammenhang zwischen einer spezifischen Ordnung und einer spezifischen Reihe von Normen. Noch einmal, es ist die Vermutung der Einzigartigkeit, durch die sich die Berufung auf die Natur als irreführend erweist, nicht die Vermutung der Ordnung. Ich habe argumentiert, dass die Verbindung zwischen Ordnung und Normativität eine notwendige sei. Der Zusammenhang zwischen *natürlicher* Ordnung und Normativität ist ein kontingenter, aber er ist überaus stark und zählebig, selbst in der weitgehend bebauten Welt der spätmodernen Gesellschaften.

3. *Die menschliche Vernunft im menschlichen Körper ist die einzige Art Vernunft, die wir haben.*

Und zuletzt: Es ist sinnlos, sich nach etwas zu sehnen, was prinzipiell unerreichbar ist. Die menschliche Vernunft in menschlichen Körpern ist die einzige Art Vernunft, die wir haben. Die Sehnsucht der Philosophen nach einer anderen, vermeintlich vollkommeneren Art Vernunft war immer – offen oder versteckt – in Theologie verstrickt. Es ist kein Zufall, dass die Bedenken in Bezug auf Anthropomorphismus und Götzenverehrung zuerst im Kontext der Religion auftreten – Xenophanes' bissige Bemerkungen sind ein frühes Beispiel dafür. In der Wissenschaft tauchen die ersten Anthropomorphismusverbote erst viel später auf. Im 17. Jahrhundert greifen Francis Bacon, René Descartes und andere in ihren Werken immer noch auf Metaphern der Idolatrie zurück und träumen von engelhaften und göttlichen Intelligenzen, die vollkommener sind als die unsere; die Erkenntnistheorie ergeht sich noch in angelologischen Gedankenexperimenten, sei es in Gestalt von Kants mysteriösen nicht menschlichen Vernunftwesen oder von Marsianern oder Bewohnern anderer möglicher Welten. Noch geht die Theologie in der Erkenntnistheorie um und nährt unerfüllbare Wünsche nach einer Form der Vernunft, die den Beschränkungen unserer Spezies nicht unterworfen ist. Kant warnte bekanntlich vor den Ambitionen der Vernunft, ihre Grenzen überschreiten zu wollen. Vielleicht könnten wir, wenn schon nicht dem Buchstaben nach, so doch in seinem Geiste in der Nachfolge Kants die Fassungsvermögen der spezifisch *menschlichen* Vernunft erforschen.

Abbildungsverzeichnis

S. 8: Anonymer Meister, Adam und Eva im Paradies (um 1370). Doberaner Münster, Kreuzaltarretabel © Doberaner Münster

S. 24/25: Schwein-Mensch, aus Ambroise Paré, *Des Monstres et les prodiges* (1573)

S. 43: Die astronomische Uhr (1570–74), Straßburger Münster

S. 47: Pierre-Platon Blanchard, »Voulez-vous être heureux? Écoutez la nature« (»Wollt Ihr glücklich sein? Hört der Natur zu?«), *Catéchisme de la nature ou Religion et morale naturelles*, Paris, 1794.

S. 51 oben: »Should We Allow Research Using Human-Animal Embryos?« (»Sollten wir die Forschung an Mensch-Tier-Embryonen zulassen?«), *The Guardian*, 12. Januar 2009.

S. 51 unten: »Mother Nature's Revenge Against Human Development« (»Die Rache von Mutter Natur angesichts menschlicher Bauprojekte«), *Independent*, 24. Oktober 2007.

54/55: Charles Le Brun, »L'Admiration« (»Die Bewunderung«) (1668). Paris, Louvre © BPK-Bildagentur

S. 58/59: Henri-Frédéric Schopin, *Die Kinder Israels bei der Durchquerung des Roten Meeres* (ca. 1855) © Bridgeman Images

S. 79: *Königreich der Bienen*, John Thorley, *Melissalogia, Or, The Female Monarchy* (1744)

S. 88/89: *Wunderkammer*, Ferrante Imperato, *Dell'historia naturale* (1599). Frontispiz

S. 91: Bild der Bahnkurven von Elementarteilchen in der Blasenkammer © 1960-2017 (CERN, CERN-EX-11465-1)

Anmerkungen

1 Immanuel Kant, Werkausgabe, hrsg. von Wilhelm Weischedel, Band XII, *Schriften zur Anthropologie, Geschichtsphilosophie, Politik und Pädagogik 2* (Frankfurt a. M.: Insel Verlag, 1974), S. 472 f.

2 In der *Kritik der reinen Vernunft*, a. a. O., Band IV, S. 691, B854/A826 (in dem Kontext, wie die Stärke des Glaubens an Wahrscheinlichkeiten zu messen sei), schrieb Kant, er sei bereit, alles, was er besitze, darauf zu verwetten, dass es Leben auf anderen Planeten gebe: »Wenn es möglich wäre, durch irgend eine Erfahrung auszumachen, so möchte ich wohl alles das Meinige darauf verwetten, dass es wenigstens in irgend einem von den Planeten, die wir sehen, Einwohner gebe. Daher sage ich, ist es nicht bloß Meinung, sondern ein starker Glaube (auf dessen Richtigkeit ich schon viele Vorteile des Lebens wagen würde), dass es auch Bewohner anderer Welten gebe.«

3 Vgl. William Cronon (Hrsg.), *Uncommon Ground: Rethinking the Human Place in Nature* (New York: Norton, 1996); Mikulás Teich, Roy Porter und Bo Gustafsson (Hrsg.), *Nature and Society in Historical Context* (Cambridge: Cambridge University Press, 1997); Lorraine Daston und Fernando Vidal (Hrsg.), *The Moral Authority of Nature* (Chicago: University of Chicago Press, 2004); und immer noch grundlegend Clarence J. Glacken, *Traces on*

the Rhodian Shore: Nature and Culture in Western Thought from Ancient Times to the End of the Eighteenth Century (Berkeley: University of California, 1967).

4 Als Erster beschrieb der britische Philosoph G. E. Moore diesen Begriff im Kontext seiner Ethik: George Edward Moore, *Principia Ethica* [1903] (Cambridge: Cambridge University Press, 1976), S. 37–58. Seit damals hat sich der Referenzbereich dieses Begriffs dahingehend erweitert, dass er jede Berufung auf die Natur als Maßstab menschlicher Werte beinhaltet: vgl. Lorraine Daston, »The Naturalistic Fallacy Is Modern«, in: *Isis* 105 (2014), S. 579–587.

5 Friedrich Engels an Pjotr Lawrowitsch Lawrow, 12.–17. November 1875, in: Karl Marx und Friedrich Engels, *Werke* (Berlin: Dietz Verlag, 1966), Band 34, S. 170.

6 John Stuart Mill, *Über Religion* (Hamburg: Severus Verlag, 2015, Nachdruck der Originalausgabe von 1954), S. 26 [Rechtschreibung modernisiert v. d. Übers.].

7 Vgl. auch Arthur O. Lovejoy, »›Nature‹ as Aesthetic Norm«, in: ders., *Essays in the History of Ideas* (Baltimore: Johns Hopkins University Press, 1948), S. 69–77; Raymond Williams, *Keywords: A Vocabulary of Culture and Society*, (New York: Oxford University Press, 1985), S. 219–224.

8 Harald Patzer, »Physis, Grundlegung zu einer Geschichte des Wortes«, *Sitzungsberichte der wissenschaftlichen Gesellschaft an der Johann Wolfgang Goethe-Universität Frankfurt am Main* 30 (1993): S. 217–280. Vgl. auch R. G. Collingwood, *The Idea of Nature* (Oxford: Oxford University Press, 1960),

S. 43 f.; William Arthur Heidel, »Peri Physeos. A Study of the Conception of Nature among the Pre-Socratics«, in: *Proceedings of the American Academy of Arts and Sciences* 45 (1910), S. 79–133, besonders S. 97–99.

9 Vgl. die Einträge zu »Nature« im *Oxford English Dictionary*, sowie zu »Natur« in *Grimms Wörterbuch* und »Nature« in *Le Robert. Dictionnaire historique de la langue française.*

10 Wendy Doniger O'Flaherty, *The Origin of Evil in Hindu Mythology* (Berkeley/Los Angeles: University of California Press, 1976), S. 94 f.

11 Scott Atran und Doug Medin, *The Native Mind and the Cultural Construction of Nature* (Cambridge, Mass./London: MIT Press, 2008), S. 20 f.

12 Aristoteles, *Werke in deutscher Übersetzung*, begr. von Ernst Grumach, hrsg. von Hellmut Flashar, Band 17, *Zoologische Schriften II*, Teil I, übers. und erl. von Wolfgang Kullmann (Berlin: Akademie Verlag, 2007), Buch I, 641b 25–32, S. 22.

13 Aristoteles, a. a. O., Band 11, *Physikvorlesung*, übers. von Hans Wagner (Berlin: Akademie Verlag, 1967), Buch II, Kap. 1, 193b, S. 34.

14 Aristoteles, a. a. O., Band 9, Teil I, *Politik*, übers. und erl. von Eckart Schütrumpf (Berlin: Akademie Verlag, 1991), Buch I, Kap. 10, S. 28.

15 Aristoteles, *Die Lehrschriften. Über die Zeugung der Geschöpfe*, hrsg., übertr. und erl. von Dr. Paul Gohlke (Paderborn: Ferdinand Schöningh, [1847] 1959), S. 181.

16 Aristoteles, a. a. O., Band 11, *Physikvorlesung*, übers. von Hans Wagner (Berlin: Akademie Verlag, 1967), Buch II, Kap. 8, 199b 27–29, S. 53.

17 Immanuel Kant, a. a. O., Band III, *Kritik der rei-*

nen Vernunft [1781, 1787] (Frankfurt a. M.: Insel Verlag, 1968), A 100–101, S. 163 f. Kant gründet seine Argumentation für die Notwendigkeit des transzendentalen Vermögens der Einbildungskraft auf dieses Gedankenexperiment einer Welt ohne spezifische Naturen.

18 Herodot, *Historien*, Erster Band, Griechisch-Deutsch, hrsg. von Josef Feix (München: Ernst Heimeran Verlag, 1963), Buch II, S. 229.

19 Hippokrates, *Ausgewählte Schriften: Über Winde, Wasser und Örtlichkeiten*, hrsg. und übers. von Charlotte Schubert und Wolfgang Leschhorn (Düsseldorf/Zürich: Artemis & Winkler Verlag, 2006), S. 41.

20 Herodot, *Historien*, a. a. O., Buch III, S. 457 und 459.

21 Hippokrates, a. a. O., S. 47.

22 Hippokrates, a. a. O., S. 45.

23 Carolus Linnaeus, *Oeconomia naturae* (Uppsala: Isaac Biberg, 1749). Zur Rezeption von Linnaeus' »Ökonomie der Natur« vgl. Donald Wooster, *Nature's Economy: A History of Ecological Ideas* (Cambridge: Cambridge University Press, [1977] 1985), S. 31–49.

24 James Lovelock, *Gaias Rache: Warum die Erde sich wehrt*, übers. von Hartmut Schickert (Berlin: Ullstein Taschenbuch, 2008), S. 31.

25 James Lovelock, a. a. O., S. 59 f.

26 L. Annaeus Seneca, *Naturales quaestiones. Naturwissenschaftliche Untersuchungen*, hrsg. und übers. von M. F. A. Brok (Darmstadt: Wiss. Buchges., 1995), Siebte Abhandlung, 25–28, S. 453–459.

27 Ian Maclean, »Expressing Nature's Regularities and their Dominations in the Late Renaissance«,

in: Lorraine Daston und Michael Stolleis (Hrsg.)., *Natural Laws and Laws of Nature in Early Modern Europe: Jurisprudence, Theology, Moral and Natural Philosophy* (Farnham: Ashgate, 2008), S. 29–44; Jane Ruby, »The Origins of Scientific Law«, in: *Journal of the History of Ideas* 47 (1986), S. 341–359.

28 Zusätzlich zu den Essays in: Lorraine Daston und Michael Stolleis (Hrsg.), *Natural Laws and Laws of Nature in Early Modern Europe: Jurisprudence, Theology, Moral and Natural Philosophy* (a. a. O.), vgl. auch John Milton, »The Origin and Development of the Concept of the ›Laws of Nature‹«, in: *Archives Européennes de Sociologie* 22 (1981), S. 173–195; John Henry, »Metaphysics and the Origins of Modern Science: Descartes and the Importance of Laws of Nature«, in: *Early Science and Medicine* 9 (2004), S. 73–114; Sophie Roux, »Les lois de la nature à l'âge classique: la question terminologique«, in: *Revue de Synthèse* 4 (2001), S. 531–576; und Friedrich Steinle, »The Amalgamation of a Concept: Laws of Nature in the New Sciences«, in: Friedel Weinert (Hrsg.), *Laws of Nature. Essays on the Philosophical, Scientific, and Historical Dimensions* (Berlin: Walter de Gruyter, 1995), S. 316–368.

29 Vgl. auch die Artikel von Catherine Wilson, Ian Maclean, Gerd Graßhof, Sophie Roux, Jean Armogathe und Friedrich Steinle in: Lorraine Daston und Michael Stolleis (Hrsg.), *Natural Laws and Laws of Nature in Early Modern Europe: Jurisprudence, Theology, Moral and Natural Philosophy* (a. a. O.).

30 Walter Cahn, *Masterpieces. Chapters on the His-*

tory of an Idea (Princeton: Princeton University Press, 1979), S. 90 f.

31 Robert Boyle, *A Free Inquiry into the Vulgarly Received Notion of Nature* [ca. 1666], in: ders., *The Works of the Honorable Robert Boyle* [1772], hrsg. von Thomas Birch (Hildesheim: Georg Olms, 1966), Band 5, S. 158–254, hier S. 164.

32 Robert Boyle, a. a. O., S. 163.

33 Robert Boyle, a. a. O., S. 188. Die Frage des Götzendienstes beunruhigte auch Leibniz, der eine Erwiderung auf die lateinische Fassung von Boyles *Free Inquiry* schrieb; siehe Catherine Wilson, »*De ipsa natura:* Leibniz on Substance, Force, and Activity«, in: *Studia Leibnitiana* 19 (1987), S. 148–172, sowie, allgemeiner, über die Idolatriedebatte in der frühen modernen Naturphilosophie, Martin Mulsow, »Idolatry and Science: Against Nature Worship from Boyle to Rüdiger, 1680–1720«, in: *Journal of the History of Ideas* 67 (2006), S. 697–711.

34 Über das sich ändernde Verhältnis zwischen den Termini »Gesetze« und »Regeln« in der Naturphilosophie des 17. Jahrhunderts vgl. Friedrich Steinle, »From Principles to Regularities: Tracing ›Laws of Nature‹ in Early Modern France and England«, in: Lorraine Daston und Michael Stolleis (Hrsg.), *Natural Laws and Laws of Nature in Early Modern Europe: Jurisprudence, Theology, Moral and Natural Philosophy* (a. a. O.), S. 215–232.

35 *The Leibniz-Clarke Correspondence*, hrsg. von H. G. Alexander (New York: Manchester University Press, 1998).

36 Thomas von Aquin, *Summa contra gentiles*, hrsg. von Karl Albert, Paulus Engelhardt, Karl Allgaier (Darmstadt: Wiss. Buchges., 2009), Dritter Band,

Teil 2, Kap. 101, S. 105: »[D]enn der Sternkundige wundert sich nicht, wenn er eine Sonnenfinsternis sieht, weil er die Ursache kennt; der dieser Wissenschaft Unkundige aber wundert sich notwendig, da er die Ursache nicht kennt.«

37 Lorraine Daston und Katharine Park, *Wonders and the Order of Nature, 1150–1750* (New York: Zone Books, 1998), S. 303–328.

38 Anführungszeichen v. d. Übers.

39 Philip Fisher, *The Vehement Passions* (Princeton: Princeton University Press, 2002), S. 44.

40 Philip Fischer, a. a. O., S. 44.

41 Immanuel Kant, a. a. O., Band VII, *Grundlegung zur Metaphysik der Sitten* [1785] (Frankfurt a. M.: Insel Verlag, 1974), S. 41 ff.

42 Thomas Henry Huxley, »Evolution and Ethics«, in: ders., *Evolution, Ethics and Other Essays* (London: Macmillan, 1894), S. 46–116, hier S. 83.

43 Christine M. Korsgaard, *The Sources of Normativity*, hrsg. von Onora O'Neill (Cambridge: Cambridge University Press, 1996).

44 Geoffrey S. Kirk, John E. Raven und Malcolm Schofield, *Die vorsokratischen Philosophen. Einführung, Texte und Kommentare*, übers. von Karlheinz Hülser (Stuttgart/Weimar: Verlag J. B. Metzler, 2001), S. 254 f.

45 Zur Rolle der Natur in den abrahamitischen Religionen sowie im antiken Griechenland und Rom vgl. Rémi Brague, *La Sagesse du monde* (Paris: Fayard, 1999).

46 Aristoteles, a. a. O., Band 12, *Über den Himmel*, übers. und erl. von Alberto Jori (Berlin: Akademie Verlag, 2009), Buch I, Kap. 3, 270b 1–12, S. 26.

47 Ian Hacking, *Representing and Intervening: Introductory Topics in the Philosophy of Natural Science* (Cambridge: Cambridge University Press, 1983), S. 132.

48 Philippe Descola, *Par-delà de la nature* (Paris: Gallimard, 2005), S. 101–107; dt.: *Jenseits von Natur und Kultur* (Berlin: Suhrkamp, 2011).

49 Heraklit, Fragment 94, in: *Die Fragmente der Vorsokratiker*, Griechisch und Deutsch von Hermann Diels, hrsg. von Walther Kranz (Hamburg: Rowohlt, 1957), S. 29. Über die Bedeutung des Maßes im griechischen Denken vgl. Laura M. Slatkin, »Measuring Authority, Authoritative Measures: Hesiod's *Works and Days*«, in: Lorraine Daston und Fernando Vidal (Hrsg.), *The Moral Authority of Nature* (Chicago: University of Chicago Press, 2004), S. 25–49.

50 John Locke, *Zweite Abhandlung über die Regierung* [1690], übers. von Hilmar Wilmanns (Halle a. S.: Verlag von Max Niemeyer, 1906), Kap. 5, Nr. 32, S. 134.

51 Francis Bacon, »Über die natürliche Veranlagung im Menschen«, in: ders., *Essays*, hrsg. von L. L. Schücking, übers. von Elisabeth Schücking (Wiesbaden: Dieterich'sche Verlagsbuchhandlung, o. Jahreszahl), S. 179.

52 Keith Thomas, *Man and the Natural World: A History of the Modern Sensibility* (New York: Pantheon, 1983), S. 132 f.

53 Lorraine Daston und Katharine Park, *Wonders and the Order of Nature, 1150–1750*, S. 255–276.

54 Es hat Dichter und Philosophen der Oberflächen wie der Tiefen gegeben: vgl. Wendy Doniger, *The Woman Who Pretended to Be Who She Was:*

Myths of Self-Imitation (Oxford: Oxford University Press, 2005), S. 213 f.

55 *Die Vorsokratiker: Griechisch/Deutsch*, hrsg und übers. von Jaap Mansfeld und Oliver Primavesi (Stuttgart: Philipp Reclam, 2011), Xenophanes, 28–30, S. 227.

Erste Auflage Berlin 2018

MSB Matthes & Seitz Berlin Verlagsgesellschaft mbH
Göhrener Str. 7 | 10437 Berlin
info@matthes-seitz-berlin.de

Satz: psb, Berlin
Druck und Bindung: Art Druk, Szczecin
Umschlaggestaltung nach einer Idee von Pierre Faucheux
ISBN 978-3-95757-613-2
www.matthes-seitz-berlin.de